流动的白银
銀の世界史

白银塑造的全球经济与世界霸权

［日］祝田秀全 著
常思薇 译

湖南人民出版社·长沙

本作品中文简体版权由湖南人民出版社所有。
未经许可，不得翻印。

GIN NO SEKAISHI
Copyright © 2016 SHUZEN IWATA
All rights reserved.
Originally published in Japan in 2016 by Chikumashobo Ltd.,
Simplified Chinese translation rights arranged with Chikumashobo Ltd., through AMANN CO., LTD.

图书在版编目（CIP）数据

流动的白银 /（日）祝田秀全著；常思薇译 .
长沙：湖南人民出版社，2025.4. — ISBN 978-7-5561- 3614-8
Ⅰ．TG146.3-49
中国国家版本馆 CIP 数据核字第 2024NF1667 号

流动的白银
LIUDONG DE BAIYIN

著　　　者：［日］祝田秀全
译　　　者：常思薇
出版统筹：陈　实
监　　制：秦　青
选题策划：长沙经笥文化
责任编辑：张玉洁
责任校对：夏丽芬
策划编辑：张宇帆　陈婷婷
营销编辑：KK
特邀编辑：诗　文　章　程　杨诗瑶
装帧设计：姜利锐

出版发行：湖南人民出版社［http://www.hnppp.com］
地　　　址：长沙市营盘东路 3 号　　邮　　编：410005　　电　　话：0731-82683327
经　　　销：中南博集天卷文化传媒有限公司　　图书销售服务电话：010-59320018
印　　　刷：三河市兴博印务有限公司
版　　　次：2025 年 4 月第 1 版　　　　　　印　　次：2025 年 4 月第 1 次印刷
开　　　本：640 mm×915 mm　1/16　　　　印　　张：16.5
字　　　数：114 千字
书　　　号：ISBN 978-7-5561-3614-8
定　　　价：58.00 元

营销电话：0731-82683348（如发现印装质量问题请与出版社调换）

目 录

序言 由白银打开的世界历史 / 001

第一章 东西欧的"独立共存" / 007

　　新大陆的白银大量涌入欧洲，这与当时欧洲的社会情况相符合，进而促进其发展为现代世界。现代世界就意味着全球一体化的形成。世界史由此开始了以地球为一个统一体的发展历程。

第二章 白银与国际政治 / 039

　　波托西白银给西班牙带来的财富是徒有其表的虚荣，如倒塌的广告牌一般。在17世纪，波托西白银也已耗尽，银本位的货币制度宣告结束。西班牙的兴衰与新大陆白银的开采形势是重叠的。

第三章 17世纪的全球化 / 069

　　荷兰是如何使用从亚洲得到的白银的呢？首先，它将生丝贸易中获利的日本白银从长崎运到印度南部的科罗曼德尔海岸，在此地购买棉布，再将这些棉布带到苏门答腊和爪哇，换取香料（如胡椒）。

第四章　大西洋贸易区 / 109

　　砂糖、棉花和咖啡这些热带产品已将西欧、西非和新大陆联系在一起，形成了国际商业网络。它被称为18世纪的大西洋三角贸易。但以"贸易"来命名真的合适吗？因为这并不是一个简单的国际商业交易。

第五章　鸦片贸易与白银流出 / 163

　　在非洲最南端的好望角以东的国家中，最富有的就是清朝，人口也很多。如果没有任何阻碍该国与曼彻斯特之间的贸易往来的话，清朝将成为曼彻斯特棉纺工业的重要市场。

第六章　从银本位制到金本位制 / 205

　　19世纪后期，整个欧洲都已转向金本位制。19世纪90年代，印度、日本也成为金本位制。16世纪以来成为全球化领路人的"白银时代"实际上已告终结。

第七章　世界资本主义：中心与周边 / 225

　　中心国和卫星国与周边国之间的联系是以贸易为基础的世界资本主义分工体系。正是由于这一体系，资本主义才在全球范围内发展，而不仅仅是一个国家。这一结构在19世纪变得更为强大。

后记　贯穿从哥伦布时代到现代世界的"白银" / 246

参考文献 / 250

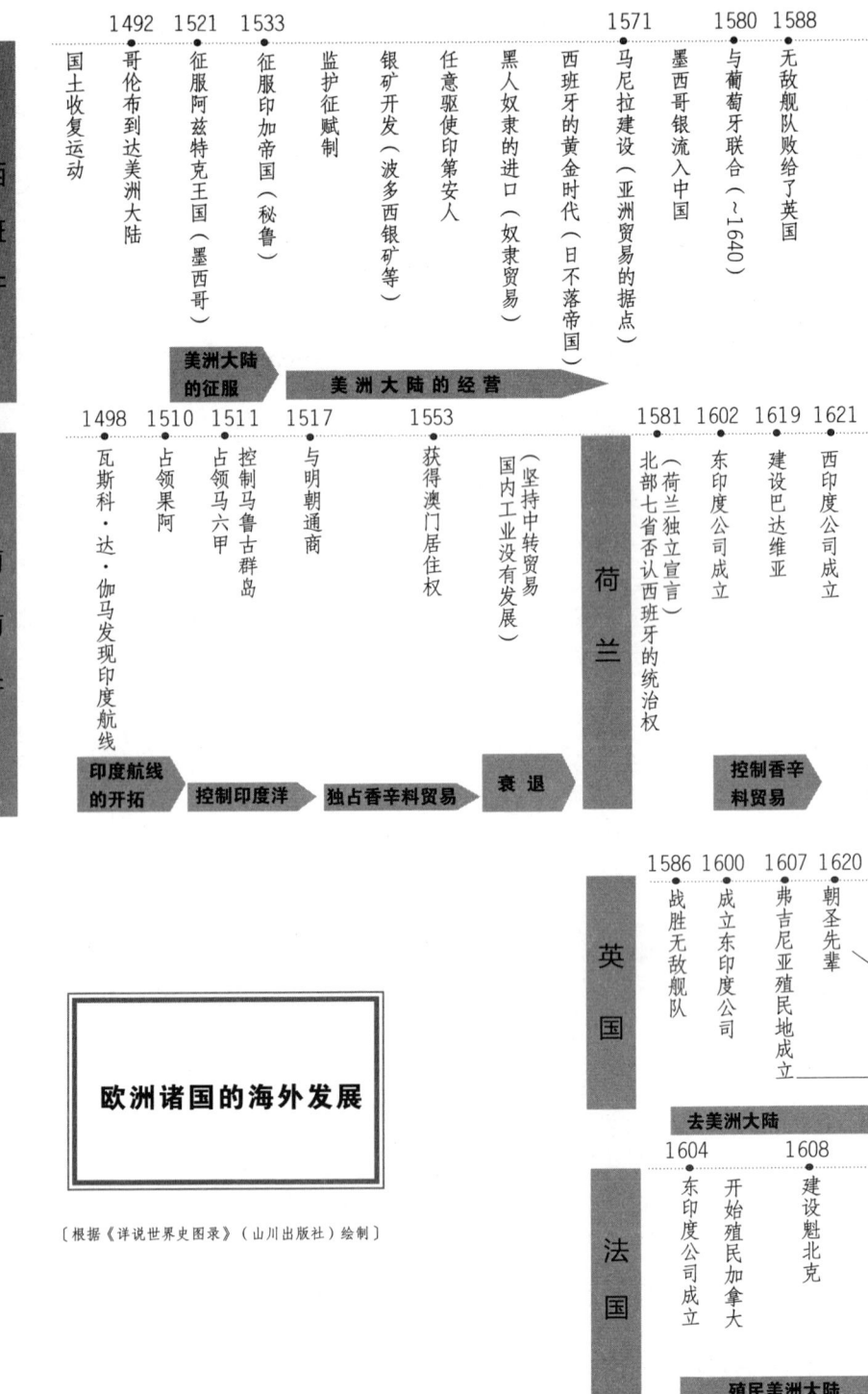

欧洲诸国的海外发展

〔根据《详说世界史图录》（山川出版社）绘制〕

时间轴

上部时间线（海上霸权的丧失 衰退）：
- 1688 大同盟战争（~1697）
- 1701 西班牙王位继承战争（~1713）低地国家（西班牙→奥地利 1714 拉什塔特和约）亚·哈德森湾地区（法国→英国）
- 1740 奥地利王位继承战争（~1748）条约的意义：哈布斯堡王朝绝嗣，路易十四之孙菲力五世继位·直布罗陀、梅诺卡岛（西班牙→英国）·米兰、那不勒斯、撒丁岛（西班牙→奥地利）·纽芬兰、撒丁岛、阿卡迪
- 1756 七年战争（~1763）

中部时间线：
- 1623 安汶大屠杀 → 英国的败退
- 1624 占领台湾（~1661）
- 1625 建设新阿姆斯特丹
- 1652 建设开普殖民地
- 1652 英国—荷兰战争（~1674 荷兰败退）新阿姆斯特丹、英属纽约 阿姆斯特丹是世界金融中心
- 1713 乌德勒支和约
- 1748 亚琛和约（英法双方占领地的夺还）
- 1763 巴黎条约

流程条： 繁荣 → 霸权的丧失 → 三角贸易 → 资本的积累 → 世界商业支配 → 工业革命的进展

下部时间线：
- 1640 清教徒革命
- 1651 航海法（对抗荷兰）（金奈旧称）占领马德拉斯（~1660）
- 1661 占领孟买
- 1688 光荣革命（~1689）
- 1689 威廉王之战（~1697）英国占领加尔各答（1690）美洲大陆也在抗争英法
- 1702 安妮女王战争（~1713）在印度的英法战争
- 1744 乔治王之战（法杜布雷的活跃）（~1748）
- 1755 英法北美战争（~1763）卡那提克战争
- 1757 普拉西战役（英 克莱武的活跃）

在美洲大陆、印度都是英国胜利、法国败退

法国向印度支那发展

- 1664 重建东印度公司
- 1673 占领金德讷格尔
- 1674 占领本地治里
- 1682 占有路易斯安那
- 17世纪占领海地

去印度经营 → 印度殖民地的形成

在印度发展（对抗 英国）

底部： 亨利四世 | 路易十四世 | 数次重合的战争 | 在殖民地战争中败退

序 言
由白银打开的世界历史

现代被称为IT（信息技术）革命的时代。大约是在美苏冷战结束时，互联网在世界范围内逐渐传播开来。大量信息越过国界瞬间到达人们手中，谁都可以自己检索数据。可以说信息的国际化造就了"地球公民"。

但是，国际化不只是要在各个国家和地区间收集相同的信息并在线进行讨论，更有趣的是，在信息国际化的推进下，美国的价值观正大行其道。

虽然并不是所有的事情都是这样，但令人恐惧的是追求市场经济的态势。冷战结束之后，这一态势已遍布全球，在日本社会表现得尤为突出。为了赚钱，人们丢掉过去的人际关系和血缘关系并不困难。

追求经济利益并不是坏事。但是，公司和个人都在自由竞争下不管不顾地爆买股票，趁人不备地收购公司。这就像一场没有正义的战斗，碰撞出剧烈的火花也是很自然的。

电子信息技术在经济领域也起着积极作用，例如买卖股票和筹集资金。尽管作用还未很明显，但兜町[1]、船场[2]的竞争和买卖已经不再如从前般活跃。这都是因为信息技术革命改变了经济格局。

信息传输和通信手段的发展已经实现了全球范围的IT革命，可以说是"世界同步革命"。其代表正是互联网和手机（智能手机）。

信息技术革命加速了全球化的趋势。世界何时开始走向一体化，其成因又是什么？那就要从哥伦布的大航海，"西印度的发现"（1492年）讲起。由此，地球开

---

[1] 兜町的正式名称为"日本桥兜町"。在太平洋战争前是东京市日本桥区的一个地区，为东京证券交易所的所在地。——编者注

[2] 船场是位于大阪市西部的商业、金融城镇。这里三面环水，16世纪时，出于大阪"城下町"经营活动的需要，开挖了运河。它曾经是商人云集的船码头，船场之名便由此而来。——编者注

序言　由白银打开的世界历史

始被视为一个整体，这才有了世界历史。

信息技术革命将地球上的各个区域彼此连接起来，构筑了全球化关系网，世界统合在一起了。在世界史中，地区间相互吸引的磁力和引力是什么？这正是本书关注的焦点。

世界一体化始于大航海时代，但那之后发生了什么？我编写本书时恰好受到东京大学"世界史"入学考试问题的启示。接下来，我想介绍一下这道试题。

东京大学入学考试"世界史"（2004年度）

【设问】

1985年签署"广场协议"后，金融的国际化取得了显著进展。正如1997年亚洲金融危机所显示的，现在一个国家的经济变动与全球的经济有着直接的联系。世界经济一体化是始于16—17世纪时世界市场涌入了大量白银。到了19世纪，通过殖民地网络系统，银行制度世界化，现代国际金融制度开始了。19世纪西欧各国转向金本位制，但银币仍然是东亚国际贸易的主要货币。这种

流动的白银

东亚国际贸易体制一直持续到中国在20世纪30年代禁止银币的流通为止。

考虑到上述情况,请概述16—18世纪以白银为中心的世界经济一体化的流程。答案应在16行(480字)以内,确保使用以下8个词语中的至少1个,并在其下画线。

农场领主制
一条鞭法
价格革命
棉织物
日本银
东印度公司
波多西
安特卫普

如上题所述,是白银牵引着世界一体化的方向。在16世纪和17世纪,大量的白银涌入了世界市场。白银作为改变世界历史的能量,推动了"世界经济的一体化",

序言　由白银打开的世界历史

并成为时代的主题。

通过追踪白银的流动，可以看到以西欧为中心的现代工业社会的身影。这是一个让人感受到世界历史强大且具有感染力的话题。

可以肯定的是，白银在连接世界经济中发挥了作用。但是，获得现代世界霸权的却是殖民地中没有银矿的英国。而在新世界中拥有银矿的西班牙却在此过程中没落了。这中间发生了什么？

让我们把白银当成故事的主角，回顾一下从哥伦布时代到工业革命的世纪，其中还会有24岁就任英国首相的皮特、德川家康、李鸿章和伊藤博文等关键性人物出场。

在白银促进世界经济一体化的同时，英国是如何接棒世界经济的呢？让我们带着这样的思考，踏上世界历史之旅吧。

第一章

东西欧的"独立共存"

开拓了东印度航路的瓦斯科·达·伽马在印度科泽科德(卡利卡特的旧称)登陆后拜见当地统治者

流动的白银

1. 16世纪发生了什么

16世纪，在地球上的某一处——西欧，出现了一种现象。老派的法国暗流涌动，蓄满活力、年轻的双头鹰西班牙闪耀着夺目的光辉，新加入的荷兰也开始参与激烈的竞争，与法国分离后的英国期望获得进入工业社会的优等生门票。

1545年，距离哥伦布到达"西印度群岛"已经过了半个世纪，西班牙驻秘鲁的总督开始了在小城波托西白银矿（今玻利维亚）的开发。这之后白银如雪花般涌入欧洲，推动了世界经济的全球化发展。但是，这种观点过于简单，它没有根据欧洲内部的情况加以说明。

新大陆的白银大量涌入欧洲，这与当时欧洲的社会情况相符合，进而促进其发展为现代世界。现代世界就意味着全球一体化的形成。世界史由此开始了以地球为

第一章　东西欧的"独立共存"

一个统一体的发展历程。

什么是现代世界发展的原动力？在欧洲又发生了些什么？可以总结为以下三点：

1. 人口增加；

2. 粮食价格飞涨；

3. 黑人奴隶贩卖贸易大幅扩张。

16世纪，由新世界带来的白银的流动与这三种社会经济现象紧密相连，书写着全新的世界历史。

正是因为以上三种社会经济现象为白银铺平了道路，使其能够成为当时全球化中真正流通的货币（即银币）。所以，研究它们如何参与16世纪世界史，应该可以描绘出白银在创造新的世界史中所扮演的角色。

那么，我们就从自新大陆奔涌而来的大量白银是怎样开始重塑欧洲社会的说起吧。

2. 骑士精神引领的大航海时代

可以说，白银重塑了现代世界，而它的起源正是15世纪的大航海时代。这样的能量源是从哪里溢出的呢？它源于从中世纪伊比利亚半岛培育出的骑士精神。

伊比利亚半岛的大部分被称为"卡斯蒂利亚"（今天的西班牙王国）。长期以来，它一直是阿拉伯人的势力范围之一，90%的人口是农民，他们中的大多数是穆斯林。这里只有地中海边上有几个商业城市，不能指望其有所发展。

在大地主割据占领的土地上，劳动甚至被认为是低贱的，骑士精神就是一切。骑士精神是在西班牙收复失地运动中缔造的，该运动是为了从阿拉伯人手中收复失地。"为了骑士精神而牺牲生命也在所不惜"被看作最高的荣誉和美德。

第一章 东西欧的"独立共存"

所以将白银带到欧洲的大航海时代，正是这次"收复失地运动"的延续。

"大航海"是在天主教传教活动和香料贸易的推动下进行的。因为15世纪地中海东岸的奥斯曼帝国（1299—1922）的崛起，使欧洲的香料进口渠道（东方贸易）似乎处于危险之中，所以从伊比利亚半岛兴起的收复失地运动，虽披着天主教大义的外衣，实则是为了经济利益，为了直接在"东印度"购买香料寻求希望。

购买香料的旅途要穿越汪洋大海，穿越未知大陆，船只会闯入鬼魅横行的地域。即便登陆也是身处未知世界，也许危险刚刚过去，可能又有无法预测的敌人和战斗在等待着你。

在面对这种无穷无尽的恐惧时，大航海家们依靠的是受到上帝保护的信仰，但它并不是唯一的信仰，勇猛、坚韧的骑士精神也鼓舞、振奋着他们。当骑士精神达到巅峰状态时，在其坚韧意志的延续下，人类开始走向大航海时代。

3. 瓦斯科·达·伽马不是商人而是骑士

无论是高中的世界史教科书还是图片资料集，或多或少都会提到瓦斯科·达·伽马，并配有其画像。达·伽马的胸前戴有十字架，腰间挂着佩刀，右手持锡杖。这种形象明显代表着他支持"十字军"和西班牙收复失地运动的骑士精神。

达·伽马从里斯本出发，开拓东印度航路，于1498年抵达印度西海岸的港市科泽科德。从此以后，葡萄牙与东印度的香料贸易得到快速发展。也正因此达·伽马被认为是商人，而实际上达·伽马出身骑士阶层。他将印度洋视为"我们的海"，有着利用军事力量对其进行控制的野心。

另一方面，阿拉伯商人们在印度洋的商业利益受到侵犯，达·伽马用武力镇压了可能会发生的反抗。当科泽科德的民众反抗他时，达·伽马从海上对这个港口城市的市街进行了炮轰，这种行为简直和十字军东征时如出一辙。

将"为了骑士精神而死"视为人生最高目标的中世纪精神，标志着大航海时代序幕的拉开。这种骑士精神，为以海军为背景控制下的东洋贸易提供了便利。与其说达·伽马开拓了东印度航路，不如说他的航程是亚洲殖民地化的开端。这是绝不能忽视的事情。

4. 商业革命并未创造现代世界

为香料贸易而打开了东印度航路后，不再经由地中海东岸的东方贸易被认为必将消亡。事实上也证明了衰退不可避免。为此，埃及的马穆鲁克王朝向葡萄牙发起了一场重大的战争，以保护繁荣的香料贸易中的阿拉伯商人。因为对于历代埃及王朝而言，这些都是使财政颇丰的利润来源。

由此，1509年在印度西海岸发生了第乌战役，结果马穆鲁克王朝的舰队大败。香料贸易的路线也就没必要再经由地中海东岸的伊斯兰商业圈了，而是经由非洲南端的好望角直接运到了葡萄牙的首都里斯本。

就这样东印度航路确立，里斯本—东印度的新国际商业路线形成了。葡萄牙掌握东印度霸权的时机到了。1510年，葡萄牙占领果阿（印度西岸城市），第二年打

第一章 东西欧的"独立共存"

败马六甲苏丹国（马来半岛）。为了确保军事和贸易流通的据点，葡萄牙开始推进在东印度的殖民地化。1553年扩张到中国南海，葡萄牙人获取了在澳门的居住权。

替代传统东方贸易的香料路线的确立被称为"商业革命"，由此形成了与亚洲相连接的新的经济活动圈。此时，曾作为东方贸易的窗口而活跃的意大利北部商圈正逐渐走向黄昏。

瓦斯科·达·伽马开辟的东印度航路带来了商业革命，这意味着葡萄牙夺取了被阿拉伯商人所占领的印度洋方面的商业圈。

"商业革命"是指欧洲的商业据点由意大利北部向大西洋沿岸转移，经由南非，将香料等东方物产廉价运来，改变欧洲的消费倾向，而不再经由阿拉伯商人的贸易途径。它的性质只不过是阿拉伯商人和意大利北部之间进行的传统东方贸易的延伸。商业革命并没有超越东方贸易的本质，想以这场革命推进现代世界的形成是很困难的。

克里斯托弗·哥伦布制造了应该被称为"革命"的事件。西印度是被"发现"的新大陆，大量的白银从这

流动的白银

里流入欧洲，从此以后，白银在地球上到处流动，成为新世界经济中的重要角色。

这时，将地球视为一个统一体的现代世界，即全球化的革命状况开始显现。

5. 哥伦布之后出现了"一天一吨"的白银

在大航海开始前,欧洲的白银供给地是著名的富格尔家族经营的当时德意志南部的银矿。但是,它的产量远不及新大陆银矿的产量。

因此,白银的发行量难以调节。例如,我们不能指望增加白银的流通量来刺激工业投资的增加。如果要增加发行量的话,只能使用古老的办法,那就是硬币改铸。但如果铸造水平不高,很可能会使货币失去其信用,造成经济混乱。

波托西银矿的开发对这种货币现状做出了决定性的改变。1545年,在新西班牙秘鲁总督辖区发现了这座银矿,位于今天的玻利维亚。最初,有75个西班牙人和3000多个印第安人在此挖掘银矿,两年后这里的人口达到了14000人。到16世纪末,它超越了墨西哥城,成为新世界规模最大的城市，人口达到 15 万。

新大陆的银矿产量非常丰富。16 世纪末，新西班牙墨西哥总督辖区的银矿也开始增产。采矿的劳动力廉价且充足，那些印第安原住民被强制要求采矿。16 世纪末的高峰时期，年产量超过 300 吨。简而言之，印第安人是以"每天一吨"的标准来进行采矿的。16 世纪到 17 世纪上半叶，从新大陆涌入西班牙的贸易据点塞维利亚的白银达到 16000 吨。其中三分之二是波托西白银，剩下的部分产自墨西哥。

原住民（印第安人）在银矿被残酷征用。西班牙将他们的管理权交给入侵的殖民者进行委托管理。其内容是普及文明，归根结底就是让原住民改信天主教，对当地进行统治。这种委托制度被称为委托监护制（又译监护征赋制）。这些被强制工作的印第安人的身影就和拉贝河以东的欧洲的农场领主制下的农民如出一辙。

6. 一切都掌握在西印度的塞维利亚人手中

被形容为雪片般飞来的白银，到底多到了怎样的一种程度呢？波托西白银从16世纪70年代开始大量产出，当时引入了水银汞齐精炼工艺。

曾为欧洲社会供给白银的德国南部的银产量是年平均30吨。这些白银一直为自"商业复兴"以来的经济和意大利北部的东方贸易提供支持。而新大陆的白银产量是年平均200吨以上，大约是德国南部的7倍。这些白银每年以此规模流入欧洲，能够与奔流涌动的波托西白银相提并论的也只有日本白银了。

新大陆的白银交付西班牙，全由1503年在塞维利亚设立的西印度交易所控制。西班牙成为新大陆贸易的中枢地，所有的往来船只也须由塞维利亚进出。航海的完全垄断，进出口贸易也都在此交易，这里成为

流动的白银

国王最重要的收入来源。

西印度交易所被称为"商行",这里绝不仅仅从事贸易,还兼管移民管理和税金征收。总而言之,它参与了新大陆的管理,也就是被国王委派的城主一般的存在。

与此同时,商行也没有忘了航海术的研究和对此技术的推广。在这里首先登台的是认为"西印度是新世界"的亚美利哥·维斯普奇和发现北美大陆的乔瓦尼·卡博托,还有把命赌在了环游世界上的麦哲伦。

7. 人口增长、白银大量流入和价格革命

16世纪下半叶，西印度交易所成为波托西白银大量涌入的窗口，白银的大量涌入引发了西班牙物价的飞涨。这种现象从西班牙开始向西欧蔓延，逐渐扩展到东欧。这就是价格革命。

波托西白银的发行量激增被认为是价格革命的原因之一。在一个定量的商品流通社会中突然注入大量货币会使物价飞涨，这确实有一定道理。

然而这种解释也可能是盲目的，不一定完全正确。正如我在开始时提到的那样，仅凭外部因素是很难进行价格革命的。它没有考虑到欧洲内部的因素。16世纪欧洲的物价平均上涨了3.5至4倍。

但应注意到的是，这是大半个世纪以来的变化。粮食价格惊人地飞涨，而波托西白银的大量涌入是从16世

纪70年代开始的。也就是说,波托西白银流入欧洲和物价飞涨是两条不同的脉络。这又是怎么回事呢?一言以蔽之,就是因为人口的增长。

西欧的人口至17世纪整体增长到16世纪的1.5至1.6倍。作为白银流入欧洲的窗口的西班牙从不到500万人增长到800万人,英国从350万人增长到450万人,法国也从1200万人增长到1900万人。随着人口的增长,大都市诞生了。

1550年,在意大利以西,10万人以上的城市只有巴黎一个。然而到了1600年,伦敦、塞维利亚、里斯本、安特卫普、阿姆斯特丹这些声名赫赫的城市登场了。西欧的六大城市聚齐了。人口增长和大都市的建立,使得确保粮食的充足成为最为紧迫的事情,而西欧的人口增长就导致了粮食短缺,谷物价格急剧上涨。

价格革命的背后是欧洲人口增长的巨大压力。然而,西欧的粮食供给系统没有能力支持这一点。并且,新大陆的白银像雪花一样涌来了。因此也可以说,价格革命主要是由两个因素共同造成的:人口增长和波托西白银的流入。

8. 价格革命是怎样成为现代资本主义的起源的

价格革命给已经发展为工业社会的西欧带来了什么影响？对于东欧又是怎样的考验？可以说，正是在这时候从结构上确立了东西欧的社会经济地位。

在教科书中，价格革命的"革命"指的是人口增长和新大陆白银的奔流涌动造成的物价飞涨，并使得以地租为收入来源的封建领主走向没落。真是这样的吗？这样的判断正确吗？

价格革命是确立西欧和东欧社会经济结构独立共存的历史阶段。换句话说，它建立了两个欧洲。在西欧，它使工商业者获得更多的利润，并使得西欧发展为工业社会，将社会发展导向了现代潮流。白银流入的态势和同时代谷物价格的飞涨共同引发了价格革命。那么，就生产、贩卖的回报而言，企业家手中获得了大量的白银。

但是，物价持续飞涨，工资也不得不随之上涨，如果不这样做就无法完成社会消费，这就是企业家的考虑。

将工资提高到消费者的购买欲望不会减少的程度，再多就不行了。剩余的财富就全都是企业家的利润了。这样就使他们手里聚集了大量的白银。他们利用价格革命引发的通货膨胀，使得利润大幅增加。比如，佛兰德斯经济圈就代表着现代工业化的腾飞——"资本的积累"。

9. 为什么低地国家会成为欧洲的贸易中心

西欧进入工业社会并不是出于偶然。欧洲的生活和文化领域被巍峨的阿尔卑斯山脉分为南部和北部。南部是地中海地区，土壤不适合谷物的生长。这就是为什么此地橄榄和葡萄这样的果树种植会非常发达。与此相对的北部，平原开阔，小麦、黑麦等谷物栽培的面积广大。畜牧业也在发展，与南部的橄榄油相对，北部形成了黄油生活圈。

农作物与其制品的交换行为是人类社会自然的行为，它也带来了欧洲线路（航路）的发达。大大小小的河流将各地连接在一起，最后交汇于莱茵河。作为主干线的莱茵河正好将欧洲整个统领起来，并在即将注入北海的区域形成了莱茵河三角洲地带。

莱茵河三角洲地带的低地国家，即现在的比利时王国、荷兰王国和卢森堡大公国。这个地方被北海的狭窄海峡隔开，占据了英国对面的地理位置。越过东北部的日德兰半岛（含丹麦），波罗的海诸国的经济圈也在扩大。

除了老天的安排和上帝的恩惠，再从作为经济航路连接线的观点来看，低地国家位于欧洲的中心，国际商业贸易从这里开始蓬勃发展起来。鉴于其繁荣，值得一提的是，佛兰德斯地区（位于今法国西北部、比利时西部和荷兰南部）被认为是16世纪北欧文艺复兴的发源地，其中心城市是被称为西欧中心的安特卫普。

今天，低地国家位于欧洲中心位置这一事实仍很重要。1993年，一项于荷兰签订的国际协议《马斯特里赫特条约》生效，欧盟正式成立。欧盟总部的主要职能部门都集中在布鲁塞尔（比利时）。

此外，墨西哥湾的海流给低地国家吹来了温暖的偏西风，它培育了郁郁葱葱的牧场草地，为畜牧和羊毛产业提供了良好的条件。这样的自然条件和经济状况相结合，使得毛纺织工业在北海周边地区蓬勃发展起来。

第一章 东西欧的"独立共存"

10. 以"伦敦—安特卫普"为轴心强化了西欧的工业化

在北海经济圈和与之相连的英国羊毛产业腾飞的时期，英国的工业化受到北海的限制，若英国没有纳入佛兰德斯经济圈，就难以有更大的发展。

15世纪到16世纪上半叶，英国成为欧洲主要的毛织物出口国，被称为羊毛出口国。最初开始利用英国毛纺织工业力量的是汉萨同盟[1]，它是一个大型的城市联盟，已经建立了庞大的国际商业网络，14世纪时，在北海—波罗的海地区确立了德国的吕贝克城为盟主。

拥有北欧商业霸权的汉萨同盟在与英国的关系中蓬

---

[1] 汉萨同盟是德意志北部城市之间形成的商业、政治联盟。"汉萨"（Hanse）一词，德文意为"公所"或者"货仓"。13世纪逐渐形成，14世纪达到兴盛，加盟城市最多达到160个，15世纪转衰，1669年解体。——编者注

勃发展，英国也在汉萨商人的指导下成长为一个工业国家。汉萨商人拥有从北海到波罗的海沿岸寒冷地区的广阔市场。毛纺织物是必不可少的生活用品，同盟圈内的纺织业以麻为主要原料，因此羊毛面料具有独特的魅力。

这样英国产的毛纺织物通过汉萨商人的手传播到北海—波罗的海经济圈。但是英国在百年战争（1337—1453）[1]中遭受了毁灭性打击，失去了大部分传统市场。另外，在此期间，它与相依托的汉萨同盟之间因为商业权利的争夺，关系并不好。就在这时，英国的救世主出现了——新市场安特卫普（今属比利时），而英国与汉萨同盟的关系逐渐淡薄。16世纪，大航海时代到来，毛纺织工业发达的英国与作为国际商业都市而取得飞跃性发展的安特卫普相连接。英国的半成品——未染色的毛纺织品——从伦敦港口出发，被送到欧洲最大的货物集散地安特卫普，由此"伦敦—安特卫普轴心"诞生了。

---

[1] 这是发生在金雀花王朝治下的英格兰王国和瓦卢瓦王朝治下的法兰西王国之间，针对法兰西统治权的战争。——编者注

第一章 东西欧的"独立共存"

从伦敦进港的毛纺织半成品,在佛兰德斯和布拉班特公国的布鲁日、根特、伊普尔等地加工后成为成品。就这样,以安特卫普为集散地的北海经济圈成为西欧工业社会的中心轴。

16世纪30至40年代的英国农村非常繁忙,毛纺织产业处于前所未有的繁荣时期。人文主义者托马斯·莫尔[1]比喻为"羊吃人"的"圈地运动",正是在这一时期的背景下进行的。

大商人从德国和意大利来到成为大市场的安特卫普,安特卫普确实具备了国际化商业都市的条件。英国工业也因与其建立了工商业联盟而有了长足的发展。因此,英国的毛纺织品实际上是出口到安特卫普,而不是新大陆。

---

[1] 托马斯·莫尔(1478—1535),欧洲早期空想社会主义学说的创始人,才华横溢的人文主义学者和阅历丰富的政治家,以其名著《乌托邦》而名垂史册。1535年因反对亨利八世兼任教会首领而被处死。

11. 英国的毛纺织品甚至到达了奥地利和土耳其

16世纪40年代上半叶，运到安特卫普的英国毛纺织品中有50%在德国商人手中，40%多在意大利商人手中。因此，英国的毛纺织品通过德国商人的手，从安特卫普到达莱茵河畔的科隆，再由此向内陆地区扩散。

它还通过多瑙河被运到奥地利、匈牙利和波兰。意大利商人也是如此。从莱茵河带到意大利北部的毛纺织品被运到威尼斯和亚得里亚海沿岸，再进一步出口到东地中海沿岸的奥斯曼帝国。这就意味着伦敦—安特卫普轴心在传统的汉萨同盟和东方贸易圈的中世纪商业圈之上蓬勃发展。再看1499年，即瓦斯科·达·伽马抵达科泽科德的第二年，国际商业都市安特卫普成立了葡萄牙商行。1501年，从东印度归来的第一艘载满香料的船实际上是从这个城市进港的，现代的气息从安特卫普流淌出来。总之，英国为新市场安特卫普送来了毛纺织品，通过国际商人的渠道运往南北欧的各地，当然也把各地的商品汇集于此。作为安特卫普定居者的德国商人，从故乡带来了白银，而安特卫普也成为欧洲的经济中心。

英国的毛纺织工业和大市场安特卫普的合作成为16世纪西方工业社会的基石。

12. 价格革命造成东欧和西欧的分工体制

西班牙征服新大陆后，16世纪的毛纺织业得到快速发展。麦斯达（Mesta）[1]对此作出了贡献。麦斯达是保护游牧羊群及其所有者权利的协会，受到王室保护，为满足王室羊毛的需求，鼓励牧羊。

来自麦斯达的羊毛被大量出口到佛兰德斯地区（荷兰南部）。羊毛出口的繁荣刺激了国内毛纺织产业的发展，毛纺织品也被输送到新大陆地区。在地中海沿岸，橄榄油和葡萄酒代替了粮食的制造和输出。

西欧资本主义的经营主要进展表现在毛纺织、橄榄油和葡萄酒等工业领域，这就带来了16世纪欧洲的国际分工体制，即"独立共存"。

---

[1] 麦斯达，源于拉丁文MISTUS，意为"联合体"。西班牙封建时代大牧场主结成的同盟，1273年建立，15世纪末至16世纪势力最盛，1836年解散。

第一章 东西欧的"独立共存"

工业的繁荣，已经不允许西欧再重返以粮食生产为主的社会形态。因此，东欧取得了向西欧输送粮食的有利地位。由人口增加和粮食价格飞涨引起的价格革命决定了拉贝河以东的德国和波兰——即东欧社会——的现状。

在巨大的人口压力背景下，拉贝河以东的地主贵族阶级意识到粮食是有利可图的。这些贵族在德国被称为"容克"，在波兰被称为"什拉赫塔"，他们成为以粮食为输出商品的农场经营者。

地主贵族为了确保农场的劳动力，将农民留在身边并限制他们的移居自由。这样的情形宛如中世纪的农奴制"复活"了一样，使得16世纪后半叶的波兰在粮食输出上获得的利益增长至原有的两三倍，17世纪初期又翻了一番。

这种情形下的东欧劳动生产模式被称为"农场领主制"，西欧则更偏向于工业体制。中世纪的农奴制社会在东欧再次出现。

欧洲逐渐形成了现代社会的形态，产业经济的角色分工被称为"独立共存"。商业社会的西欧和农业社会的东欧，两者的存在是相辅相成的，在历史的车轮中相互契合。

曾经有种说法是，欧洲分为"西边文明"和"东边野蛮"的两个世界，其实不然。为了确保西欧商业活动的自由，农场领主制是必不可少的。西欧的自由经济社会是建立在等同于农奴制的东欧社会提供的粮食的基础之上的。如果没有理解这个，就会误解为西欧是文明社会，东欧是野蛮社会。

13. 本应被白银充盈的西班牙国库却穷得揭不开锅

东西欧独立共存之时,正是南美波托西银矿开始开发之时。白银流入的窗口是塞维利亚,16世纪70年代开始大量涌入,以年平均200至300吨的势头进口。它的影响不是一星半点儿,它改变了外国的货币体系,例如法国,原本流通的金币在16世纪末消失了踪影,货币铸造全部改用银币。16世纪被称为"西班牙的世纪",虽然白银席卷了欧洲,但本应是国家财富的新大陆白银,并没有给西班牙带来荣耀和繁荣,它的国库空虚至极。

原因在于以下几点:

西班牙夺取了格拉纳达,并于1492年进行了一场收复失地运动,打败了伊比利亚半岛最后的一个伊斯兰王朝——奈斯尔王朝(1232—1492)。但是,在再征服的最后一幕中,战争费用激增,国家财政一年的收入也无法支撑它。为发动战争而发行的债券的利息超过了国家财政收入总额的三分之一。这还只是西班牙国内的问题。

16世纪,哈布斯堡王朝统治西班牙(1516—1700),西班牙的财政状况日益恶化。查理一世(1516—1556年在位)于1519年兼任神圣罗马帝国皇帝。从此之后,西班牙王室、神圣罗马帝国和罗马教皇三方关联更加紧密,并且一致反对马丁·路德的宗教改革和奥斯曼帝国向东地中海扩张的企图。

自此,西班牙对外就自认为是欧洲天主教的统领者。因此,西班牙不只要维护帝国,而且西班牙的财富在人们印象中是用来维护天主教欧洲势力的,它在天主教防卫战线"圣战"上付出的代价也是巨大的。

即使握有新大陆的白银,西班牙也无力独自承担此后天主教全部的外交费用和战争费用。西班牙国库的破产近在眼前。

除此之外,皇帝在围绕意大利领土问题的争端中,和法国、意大利进行了战争(1494—1559)。16世纪后半叶,情况更加糟糕。1564年以来,低地国家的叛乱不

第一章　东西欧的"独立共存"

断发生，为了镇压它们，西班牙军队在佛兰德斯地区驻军的费用激增。最终，局势发展为荷兰的独立战争。

荷兰独立战争也被称为"八十年战争"（1568—1648，但是在1609—1621年是"十二年休战协议"期间），漫长的时期内，军费的投入最终困死了西班牙。16世纪是"西班牙的世纪"不假，但同时也是"战争的世纪"。

原本南美波托西的白银应该会成为西班牙国家财富充盈的源泉，但由于上述原因，天主教为护教而所持有的自负立场使西班牙对外的费用不堪重负。

西班牙的16世纪是一个教训。西班牙以大国主义为支柱发行了战争债券，军人的年金也给国库造成压力。不断上涨的战争债券的发行和年金的支付，使得"日不落帝国"走向黄昏。

与奥斯曼帝国长期的"圣战"、普雷韦扎海战（1538年），还有勒班陀战役（1571年），特别是16世纪后半叶，对低地国家的叛乱镇压都将经费偏重于军事开支。因此，在西班牙，白银就很难顾及国内的产业投资。

这意味着什么呢？人口的增长预期将扩大西欧毛纺

织物等纺织工业部门的发展，新大陆这样的新市场也登场了，只要生产就肯定能卖掉的时代到来了。但西班牙在军费和借款的重压下，无法将白银投资到与工业相关的事业上，导致其降低了工业自给率。就17世纪的贸易形势而言，影响显而易见。

其中在西班牙销售的工业制品和运往殖民地的商品有九成都是外国制造的。那么，价格革命中，白银从西班牙流向了哪里？

第二章

白银与国际政治

奥兰治亲王威廉一世(阿姆斯特丹国立美术馆)

1. 价格革命加快了荷兰进入商业帝国的脚步

波托西白银从塞维利亚到安特卫普。这些白银的流动加快了荷兰从西班牙独立出来的脚步。那么这独立的力量是怎样锤炼出来的呢?其实和地中海的西西里岛(今属意大利)有关。

西西里岛和低地国家一样,当时都是西班牙的领土,1501年的人口是60万,1570年已经增长到100万人。当然,人口增长的压力也导致该岛粮食价格飞涨。

包括西西里岛在内的西地中海地区一直都是从东地中海购买粮食的。然而,在16世纪,当奥斯曼帝国掌控了地中海东部时,粮食的供给受到抑制,西地中海的粮食供给状况日益恶化。随着奥斯曼帝国从黑海向埃及扩张,粮仓和地中海地区的关系被切断了。

这样就不仅仅是粮食价格飞涨的问题了,而是小麦根本无法运进来。粮食的流通系统本身出了问题。

打破这种局面的是当时正在争取独立的荷兰。16世纪末，荷兰商船决定将东欧生产的粮食从波罗的海地区运送到地中海西部。荷兰在海运航线上位于波罗的海和地中海西部的正中间，并且拥有无与伦比的造船和航海技术。作为通信的联络点，它的地理位置非常优越，位于两海之间。

这些条件使得荷兰在欧洲南部的地中海进行贸易中转是很有必要的。如上所说，荷兰从农场领主制的东欧解脱出来，将南北欧的市场连接在一起。

2. 荷兰把握住了价格革命的时间差

16世纪被称为"西班牙的黄金时代",这样类比的话,17世纪则是"荷兰的商业帝国时代"。荷兰是通过16世纪欧洲的商业和海运业获得了这样的地位。

除了造船和航海技术,荷兰的厉害之处在于利用了价格革命的时间滞后性来进行贸易交易。价格革命并不是同时在东西欧开始的。从伊比利亚半岛的塞维利亚开始,到东欧的华沙是有时间差的。

荷兰专门从东欧购买廉价的谷物(小麦、黑麦)用于垄断期货交易市场。从荷兰进港的谷物有70%来自波兰的格但斯克,10%来自普鲁士的首都哥尼斯堡。粮食贸易取决于原产地丰收还是歉收和南欧市场的需求量大小,这也是贸易存在风险的原因。

荷兰非常了解其中的风险,能够通过即时信息和快

第二章　白银与国际政治

速计算来操控粮食买卖。它拥有大规模的运输量和存储量的双重能力,并在阿姆斯特丹建立了国际性粮食垄断供给平台。在它的港口沿线的仓库中,有80%装满了粮食。

荷兰从东欧低价进货,再利用价格革命在南欧高价售出。当然,运输系统是它自己的商船和海运,所以利润可以达到100%~200%。这就是时间滞后所说的时间差,额外利润可达50%。价格革命给荷兰带来了不可估量的利润。

因此,在价格革命中,日益壮大的荷兰在将贸易活动范围从北欧扩展到南欧并促进欧洲市场一体化的进程中扮演着重要角色。

3. 白银从西班牙流向敌国荷兰

人口增加造成的粮食短缺和粮食价格飞涨不仅发生在西西里岛，还发生在荷兰独立战争（八十年战争）期间的西班牙。

荷兰非常强大，但这只能用其务实的本来面貌来描述。因为荷兰的商船即使在独立战争时代也可以在西班牙的港口进出进行贸易。西班牙方面别无选择，只能默许。

毕竟，西班牙面临的最大问题另有其"人"。西班牙的繁荣来自强大的海军和新大陆的贸易。为了维持这一点，它不可能断绝与荷兰的贸易往来。

这是因为西班牙从造船用的木材和必需的黏合剂沥青（树脂）、焦油（干馏液），到制造帆布、绳索等的原材料麻的购买，都要依靠荷兰。大航海事业的推进和

第二章　白银与国际政治

维持海军所需的原材料全部是从波罗的海地区和东欧运来的。为此，西班牙不得不依靠荷兰的贸易和运输。

为贸易付出了巨大代价的西班牙，向荷兰支付了从新大陆得来的白银。从西班牙返回的荷兰商船上运载最多的就是白银。这样就导致新大陆的白银不仅被带到了荷兰，而且被运到了东欧地区。

同时，西班牙正在给佛兰德斯地区的布鲁塞尔政府送去大量白银，以支付与荷兰进行战争的军费，以便可以在当地采购弹药和食品。而这些用于付款的白银最终落入了提供商品的荷兰商人手中。

荷兰的白银将首都阿姆斯特丹推向了金融市场。所以在荷兰铸造的银币用来支付给东欧以获取粮食时，农场领主制下的"容克"们在以银为标准的体制下才确立了与西欧的一体化。东西欧的独立共存和南北市场的形成与发展造就了荷兰。

流动的白银

4. "西欧首都"安特卫普的衰败

1585年,被誉为"西欧首都"的安特卫普衰败了。但不仅仅是衰败的问题,这期间它到底发生了什么?

安特卫普是16世纪西欧最大的贸易港口,是聚集了德国人、意大利人和犹太人等跨越了不同国籍和文化的商业专业人员的国际都市。在那里,人们拥有自由,相互包容,语言和信仰上的差异并不存在问题。自然,国际婚姻也是如此。

安特卫普现在是比利时的领土。在荷兰独立战争时期,它是独立派最大的据点,并加入了成立于1579年的乌得勒支同盟,誓与西班牙军队战斗到底。

16世纪80年代,随着西班牙军队的进攻愈发猛烈,反抗的城市接连被攻破,这样的猛攻也到达了安特卫普。从海上袭来的炮弹可不长眼睛,商行和市民都被炸飞了。

第二章　白银与国际政治

在战火纷飞中,西班牙士兵洗劫了城市。西欧经济圈的核心职能所在的欧洲最大的国际都市宣告终结,这确实是一场崩溃。

佛兰德斯商人在欧洲建立了地位无可动摇的海运—商业帝国,却没有保护经济、社会生活和守护个人信仰应有的防御力量——独立的国家。不,应该是自从有了哈布斯堡帝国这个所谓的"防御装置"(1477—1566,这里归哈布斯堡王朝统治),他们就没有自己的国家了。

安特卫普的衰败暴露了这样的经济体的弱点。要怎样才能克服这一弱点?答案有两个。

5. 白银使伦敦—安特卫普轴心在历史的旋涡中升起

那这两个答案是什么呢？一个是以佛兰德斯商人为中心自己建立国家，即荷兰的独立建国。

高中世界历史的教科书中说荷兰于"1581年"正式独立，这个时间是后人另给历史加上去的。荷兰的独立时间，更确切地说，应该从荷兰北部七个联邦拒绝承认西班牙对低地国家统治权的那年开始计算，而不是从独立建国开始的。说到底，是因为荷兰历史上没有发布过独立宣言。

荷兰最初选择了另一个答案，没有独立建国，而是寻求新的保护者（新的防御装置）来取代西班牙。但是，如果要请法国或英国成为"新保护者"的话，将在欧洲世界掀起一场大风浪。独立前夕的荷兰的一举一动都会动摇欧洲的国际政治格局。

第二章　白银与国际政治

究其根本，主要问题是为什么荷兰会和西班牙发生冲突。这是在白银大量流通的背景下发生的。西班牙在与新大陆的贸易中，获得了大量白银，而代价是不得不向新大陆输送大量的羊毛织物。

正如前面提到的，西班牙获得的白银主要用于三个方面：

1. 军事。
2. 包含海外领土在内的帝国的维护。
3. 天主教的护教。

因此，西班牙很难将白银投入产业经济中。投资降低，国内羊毛织物制品的自给率也就降低。王室还要保护麦斯达（牧羊业者组织），资金并没有投资在工业上，所以羊毛的生产和供给比例严重失调。

这种情况就迫使西班牙完全依赖伦敦—安特卫普轴心的毛纺织工业链，意味着它要通过安特卫普进口大量英国制的羊毛织物，再把它们输送到新大陆。作为回报，从新大陆涌出的白银被输送到英国和佛兰德斯。

所以，新大陆的白银不只是落脚在上述三点，还有

流动的白银

第四点。白银形成了穿越过伊比利亚半岛上的西班牙，在英格兰和佛兰德斯地区积累起来的流通系统。看到白银这样的流动趋势，就不难想象西班牙国王腓力二世（1556—1598年在位）在考虑什么了——"不仅是新大陆，连伦敦—安特卫普轴心也要在哈布斯堡王朝的控制之下！"

第二章　白银与国际政治

6. 腓力二世想要的白银、英国和低地国家

　　哈布斯堡帝国一直以来都是以德国为基础的"中央欧洲帝国"。腓力二世考虑的则不同，他设计了以西班牙为轴心的帝国新计划。16世纪80年代，怀揣着这样的抱负，他活跃于国际舞台上，此时也是波托西白银繁荣于世的时期。

　　为了控制英国和低地国家的产业经济以及新大陆的矿产资源，也就是控制环大西洋经济帝国，腓力二世于他的皇太子时代（1554年）开始对西班牙进行新规划。彼时，他刚和英国女王玛丽一世（1553—1558年在位）结婚。

　　他想让英国重返天主教势力范围，借此控制英国的王权。但是，他的妻子在没有子嗣的情况下就去世了，这样一来，腓力二世并没有获得英国的王权。这时，继

位的英国国王是他的政敌伊丽莎白一世,导致他想成为"西班牙—英国—低地国家三冠统一的国王"的野心破灭了。

即便如此,他也必须掌控作为西欧经济中心的伦敦—安特卫普轴心,绝不能就此放弃。但是,与英国的紧张关系是不可避免的。1559年,伊丽莎白一世女王通过了《至高权力与同一性法案》,至此,英国成为独特的新教国家,与"天主教护教者"(腓力二世)的关系日益恶化。

7. "海上丐军"袭击银船，荷兰独立

与此同时，加尔文主义宣教运动从瑞士日内瓦发起，加尔文主义主张每个职业都是上帝赐予的"天职"，侍奉天职就要拼尽一切去工作。它崇尚节俭，认为节俭就可以有所储蓄，储蓄是勤劳和节俭一起得来的。它认为勤劳就是对天职的践行，且对忠实于上帝的祈祷行为是有价值的。因此想得到上帝的救赎不是要崇拜圣像，而是要信仰记录了上帝言行的《圣经》。所以，信仰《圣经》和积累财富密不可分。如果这样的信仰观受到不当的压制时，那么抵抗就成为一种必然权利（政治性的抵抗）。

加尔文主义的这种信仰观对西方工商业者而言非常有吸引力，在16世纪下半叶的西欧非常流行。它还有一个特征，就是不顾天主教王权的镇压，极具政治"反抗精神"。

流动的白银

腓力二世继位后，对低地国家进行了彻底的异端清理。加之还有高额税收，于是，1566年，埃格蒙特伯爵和威廉一世领导下的低地国家的17个省聚集在一起，发起反抗西班牙的战争。

到了16世纪70年代，波托西银矿引入汞齐精炼工艺，白银开始大量涌入西班牙。之后，在国外流亡的加尔文主义者在海上聚集，组建了一支武装船队。英国也参与其中。

这支被称为"海上丐军"的武装船队和受伊丽莎白女王保护的海盗船（私掠船）联合在一起，袭击了很多载满白银的西班牙商船，鼓励了荷兰的叛乱者。在北荷兰省爆发了"丐军的反抗"，燎原之火逐渐蔓延到北部低地国家。

因此，荷兰独立战争与波托西白银大量涌入欧洲的时间是相重合的。

8. 欧洲的国际政治也随着荷兰独立战争而变动

荷兰独立战争在海上是针对袭击西班牙银船的重商主义"经济战争",白银无论是从矿山开采出的还是攻击银船得来的,都无关紧要。总之,白银给国家带来了财富。

与英国一样,法国的胡格诺派军队也介入了荷兰独立的问题。在他们的支持下,威廉一世占领了安特卫普和布鲁塞尔,控制了南低地国家(现比利时和卢森堡)。只要有法国军队的增援,胜利指日可待。

但是,1572年发生的"圣巴托罗缪惨案"完全逆转了战况。这是法国狂热的天主教徒对胡格诺派的大屠杀,使得新旧两派的冲突陷入胶着的泥潭。

16世纪80年代,低地国家新旧教派都不满意威廉一世的做法,独立军出现了混乱和分裂的情况。当时,腓力二世旗下的帕尔马公爵亚历山大·法尔内塞率领意大利军队加入了战斗，局势完全被改变了。

1583年，意大利军队攻克敦刻尔克，第二年夺取了布鲁日和根特。1585年，布鲁塞尔和安特卫普沦陷。在帕尔马公爵的猛攻下，伦敦—安特卫普轴心的蜜月期宣告结束。

南低地国家全部落入帕尔马公爵的手中。但是，如果照此发展，北低地国家的独立就毫无希望了。正是在这个决胜的时刻，西班牙加入了。

1588年，西班牙在以反宗教改革为大义的前提下，实行了西班牙无敌舰队计划（英国登陆行动）。但是，重要的西班牙无敌舰队在英军的反攻下失败了。

这对腓力二世而言是一场噩梦。开启法国波旁王朝的亨利四世宣战，法国宗教革命中的法西战争（1595—1598），对荷兰的独立起了决定性作用。

1596年，在战争期间，法国、英国和荷兰结成了同盟，并建立了对抗西班牙的阵线，该同盟的建立应是事实上"荷兰独立"的时间，这意味着荷兰当时具有与英国和法国的同等资格。换句话说,英法是将荷兰视为一个独立自主的国家来对待的。这样一来,西班牙在经济上无法维持战争,最终结束了战斗。

荷兰的独立是英法两国以"反西班牙"为旗帜采取联合行动时确定下来的。自15世纪末以来,哈布斯堡王朝的势力在欧洲的东部和西部扩张到顶峰,英法鉴于此做出的调整导致了"荷兰独立"。因此,描述荷兰独立时,不能脱离国际政治中势力均衡论的语境。

9. 以安特卫普为中心的欧洲同乡系统

1585年，安特卫普沦陷，伦敦—安特卫普轴心的蜜月期也宣告结束。于是佛兰德斯商人处理了他们的财产，并搬到北低地国家的阿姆斯特丹和莱顿。对他们来说，如果安特卫普的社会经济职能可以原封不动地转移到阿姆斯特丹是最好的，但情况出现了改变。

1622年，阿姆斯特丹人口的三分之一是南低地国家的市民。他们在安特卫普积累的资本和生产技术直接转移到了阿姆斯特丹的金融业和工商业。这种转移方式在当时被称为"阿姆斯特丹变成了安特卫普"。伦敦—安特卫普轴心也换为阿姆斯特丹。

对外国商人来说，他们掌握了贸易知识和企业家精神，然后向各地的大都市移动。这是一个重点，不仅外国商人，国际婚姻也是安特卫普自然组成的一部分。这

第二章　白银与国际政治

意味着通过血缘关系和经济贸易渠道，外国商人即使在离开安特卫普并分散在欧洲各个城市后，也紧密联系在一起，这是一个被称为"乡党"的经济性血缘集团。

乡党们保持着密切的联系，通过交换信息扩大国际商业活动。在以阿姆斯特丹为中枢的血缘集团中诞生了欧洲的国际贸易和信息网络。这一集团北部到达伦敦，东部到达汉萨同盟各城市，西部是法国西部的港口城市，南部是意大利、莱万托地区（从希腊、土耳其到埃及的地中海东岸）。

根植于"无国籍同乡等同于安特卫普人"的乡党成为荷兰在欧洲各地繁荣的基础。种族、语言和宗教上的差异在血缘关系下已经不再重要，这就是为什么17世纪荷兰国际商业网络能将闭关锁国的日本也纳入其中的根源。

10. 为什么"白银帝国"西班牙从巅峰衰落下来

低地国家是西班牙推动世界历史一体化的心脏部位。因此，荷兰的独立意味着要一点不留地带走低地国家的经济命脉。西班牙本土的主要产业是在王室保护下的麦斯达畜牧业，它仍然是一个生产羊毛的原料输出国家。

虽说是"输出"，但其实羊毛的目的地有60%是其领土内的低地国家。西班牙用羊毛换来的是从国外买入的羊毛织物制品和小麦等粮食，而"海外"也是低地国家。1558年，低地国家的进出口比率中西班牙的输出输入比是1∶8至1∶10，进出口之间收支完全赤字。当然，付款是要用白银的。

从这就可以知晓涌入塞维利亚的白银是通过怎样的流通渠道而来，西班牙又为什么没有白银储备了。让我们再来确认一下，白银从塞维利亚流向伦敦—安特卫普

第二章 白银与国际政治

轴心,这样的流动是无法停止的。

波托西白银在 16 世纪 70 年代更为猛烈地涌入时,西班牙的情况变得更糟了。除了贸易逆差外,还有荷兰独立战争、勒班陀战役、西班牙无敌舰队之役(1588)、法西战争所产生的军费使白银的缺口更大了。如果加上德国宗教战争(1546—1547)和意大利战争,那就是一笔更可怕的费用了。

11. 无封顶的短期借款最终困死了西班牙

军费是从金融家手里借来的，因此，西班牙王室签订了许多被称为"短期贷款"的短期借款合同，而作为抵押的则是国库的收入。如何偿还这么大的债务呢？方法只有从新大陆获取白银。

西班牙流入白银的高峰期是1580—1626年，这正处于战争的中期阶段。在此期间涌入塞维利亚的白银是11304吨。其中的22%支付短期贷款到低地国家，19%回到西班牙，其他给德国、法国、意大利的达到了59%。可以看出，用于战争费用的债务偿还花费了将近60%的新大陆白银。

17世纪的英国经济学家托马斯·曼（英国东印度公司董事）说："仅靠西班牙国内产品是无法筹措所需外国商品的，这就是为什么他们必须用金钱来满足自己的

第二章 白银与国际政治

欲望。而且,他们还有战争这个癌症。"

西班牙必须向其贸易伙伴国支付白银,以购买羊毛织物和粮食等"外国商品"。原因很简单,出口产品不足以抵消付款,而贸易伙伴是敌人荷兰。

西班牙为了击败荷兰投入了多少军费呢?荷兰独立的问题不仅涉及欧洲政治、经济和宗教文化,还成为国际政治关注的焦点,让英国和法国都卷入了战争。西班牙为此所花费的军费如托马斯·曼所指出的:它的"癌症"是在吃掉自己的老巢。

波托西白银给西班牙带来的财富是徒有其表的虚荣,如倒塌的广告牌一般。在 17 世纪,波托西白银也已耗尽,银本位的货币制度宣告结束。西班牙的兴衰与新大陆白银的开采形势是重叠的。

12. 荷兰的白银走向"战争",而思想趋向"和平"

西班牙的白银奔流到荷兰,荷兰的磁力吸引着白银。这就好比"一根筷子容易折,十根筷子坚如铁"。

1602年成立的"史上第一家有限公司"荷兰东印度公司,得到了好望角(南非)以东的独家商业权。不只是商业权利,荷兰东印度公司还拥有了征服海洋的军事基地。这种势头足以击败葡萄牙的海外殖民地,甚至赶走他们的竞争对手英国。1619年,它还在爪哇建立了东方贸易基地巴达维亚(现为雅加达),并掌握了胡椒贸易的霸权。这就如第一根筷子。

第二根是加入环大西洋商业圈。1621年,荷兰成立了西印度公司,以迈向新大陆(西印度)。之后它就占领了巴西的东北海岸,开始种植甘蔗,并借此机会,从非洲运来黑人劳动力,进行奴隶贸易。黑人奴隶不

第二章　白银与国际政治

只出口到巴西，还出口到了西班牙在新大陆的领地和加勒比海的英法殖民地。17世纪的奴隶贸易是荷兰独霸天下。

最后一根筷子可能让人有点儿意外，荷兰成为欧洲的武器库。当时，瑞典国王古斯塔夫二世·阿多夫采取富国强兵政策，荷兰对此给予了支持。倒不如说是荷兰承包了此事。他们将阿姆斯特丹的资金、技术和熟练的劳工三点组合，建造了炼铁厂、炼铜厂和武器制造厂，并受托对其进行管理。

当时，德国的波希米亚（今捷克）如喷发的火焰，三十年战争（1618—1648）也爆发了，荷兰抓住了这千载难逢的机会。随着战争的爆发，阿姆斯特丹成为大炮、弹药的兵工厂。很多武器被出口到德国各公国，通过商业活动，它也被运到敌国西班牙那里。三十年战争通常被称为"雇佣军战争"，但是此场战争中使用的武器从何而来，又是怎样在武器市场上繁盛的，却没人去过问。况且，这还是三十年战争的时代。

谈到荷兰的这段历史，大家就会想到"国际法之父"

格劳秀斯，他代表着那个时期荷兰的面貌和历史。毋庸置疑，格劳秀斯宣扬的战争理论和人类普遍的法制论对后来的法学者、哲学家和思想家产生了很大的影响。

他的观点在荷兰所处的立场上是很有意思的。在三十年战争中，一方面，荷兰的商人将置人于死地的武器输送出去；另一方面，它又以追求和平而确立国际秩序和万国公法（国际法）的姿态出现在国际舞台上。战争与和平这两副面孔并存于荷兰。

第二章　白银与国际政治

13．荷兰建成"白银帝国"之时

　　阿姆斯特丹成为"欧洲的武器库"。不，不仅仅是武器，应该说是世界上所有产品都集中在阿姆斯特丹，就像国际贸易展览会一样。然后，一旦决定了交易，产品就由此销往世界各地。作为世界的中转市场，荷兰不断探求经济知识并垄断商业以获利。所获的资金并非用作吃喝玩乐，而是用于在阿姆斯特丹增设仓库、增加商船和整备港口。

　　阿姆斯特丹作为国际金融和商业的交汇点，已经成长为世界的"中心"。1609年成立的阿姆斯特丹银行成为白银的银行和外国的结算银行。原本白银是从新大陆通过西班牙之手运到其属地内的安特卫普——以前的国际金融市场。而现在，白银从阿姆斯特丹通过商业贸易向整个欧洲扩散开来。

流动的白银

1648年,在《威斯特伐利亚和约》(结束三十年战争的和约)签订后,荷兰获得了国际承认的独立地位,西班牙向荷兰提供了作为白银积聚的中继市场的条件,这意味着荷兰获得了胜利。之后,来自新大陆的白银从塞维利亚转运到荷兰的船上,运往阿姆斯特丹。此外,通过商业贸易,英法和南低地国家的白银也流入了此地。

总的来说,新大陆的白银有75%集中在荷兰。这就显现出了"白银帝国"荷兰的面貌。

第三章

17 世纪的全球化

从长崎入港的大型外国舰船,小船是日本的护卫船(阿姆斯特丹国立美术馆)

1. 崛起于世的荷兰东印度公司

地理上的"发现"是现代世界创造的一项发明。但是，充分利用这个发明获得全球规模利润的，倒不是它的两个发明者西班牙和葡萄牙，而是后来崛起的荷兰和英国。

特别是荷兰，它具有侵略性，它第一个深入敌营，夺取了西班牙独占的欧洲海外领土。1580年，它的香料贸易伙伴国葡萄牙被西班牙吞并后，荷兰无法获取在欧洲市场上最红火的香料，只能靠自己去东印度带回香料。这也让荷兰下定了决心。

东印度之行始于1594年，彼时，弗雷德里克·德·豪特曼在阿姆斯特丹成立了远方公司（荷兰最早的海外贸易公司）。他在里斯本积累了东印度航海的专业知识。第二年年初出海，豪特曼从有着丰富人生经历的林斯霍滕（Linschoten）撰写的《旅行日记》（1595年）中获取

第三章 17世纪的全球化

了关于亚洲的信息,荷兰商人们对此书颇有兴趣。林斯霍滕是个商人,当过印度果阿大主教秘书,还是一名探险家。他是在圣俗两界闯荡的探险家,是品味过世间酸甜苦辣的男人。

在得知亚洲这样的状况后,荷兰出现了"既要还要"的现象。商人们的贸易公司泛滥成灾,随着亚洲商品以汹涌的势头进入,产品价格体系逐渐崩溃,利润率也趋于下降,东印度的贸易形势变糟了。荷兰联邦议会决定统合整理。

因此,在1602年,荷兰东印度公司获得联邦议会特许授权,其双重任务是"执行香料贸易和对西班牙—葡萄牙的战争"。荷兰东印度公司的资本金是英国东印度公司的10倍(50万英镑)。特许授权的内容如下:好望角以东的印度洋—太平洋地区的贸易垄断权;输出关税为30%,但输入零关税;它还可作为国家主权的代理人,是一个将缔结条约、军事、警察和司法权力掌握在手的私营公司。

对于东印度公司而言,当初"推行战争"是重要课题。

实际上，它已经夺走了葡萄牙在亚洲的所有据点——安汶岛（现马鲁古群岛，1605年）、马六甲王国（1641年）、斯里兰卡岛（1658年）等，在中国台湾击退西班牙并建造了热兰遮城（安平古堡，1624年）。而在此期间，南印度—万丹贸易区的据点巴达维亚也在建造中。

荷兰将独立战争的舞台扩展到了亚洲，占领了西班牙—葡萄牙的据点，现在，夺得的土地已成为荷兰的贸易基地。对于荷兰而言，独立战争和建立国际商业网络是同一枚硬币的正反两面。

第三章　17世纪的全球化

2. 葡萄牙、佛罗伦萨、荷兰活跃于印度

　　白银在16世纪通过西班牙、葡萄牙和荷兰进入亚洲。有多条白银流出的路线，其中一条是以孟加拉湾为中心的印度—东南亚贸易区。

　　贸易中心是印度东部的科罗曼德尔海岸（乌木海岸旧称），是未来英法登陆的马德拉斯（现金奈）和朋迪榭里的所在地。贸易区从科罗曼德尔海岸向东北延伸至恒河河口三角洲、缅甸南部、马来半岛西岸和苏门答腊岛西部连接的海域。以科罗曼德尔海岸为圆心，用圆规在航海图上绘制一个半径为1000千米的圆，这个贸易区就是"孟加拉湾海域"。

　　科罗曼德尔海岸的主要海港城市布利格德位于马德拉斯北部。如果从此处向东北沿孟加拉湾海域出发，经过苏门答腊岛连接到前边的爪哇岛的万丹。再反方向，向西南而行绕过印度南部、阿拉伯海贸易区，就会追踪

到东印度航路的路线了。

科罗曼德尔海岸成为东西方贸易的要地是因为其占据了连接孟加拉湾地区和印度洋贸易区的有利位置。

16世纪下半叶，在该贸易区拥有权力的正是因为香料贸易而从西班牙获取了波托西白银的葡萄牙。来自威尼斯、热那亚和佛罗伦萨的意大利商人也在葡萄牙的协助下在此地活跃起来。以佛罗伦萨为例，它派遣了代理商到缅甸，以进口此地的特产红宝石、白银和大米。白银被出口到印度东北部的孟加拉国，被广泛用作货币、贵金属和装饰材料。大米作为粮食出售给马六甲。

17世纪初，荷兰东印度公司在科罗曼德尔海岸的中部默苏利珀德姆建立了南印度第一家贸易工厂。这意味着，"荷兰—科罗曼德尔海岸—万丹"被连接起来了。首先，荷兰在中继站巴达维亚将万丹运来的货物装船，再运到科罗曼德尔海岸，然后在空船上装上从科罗曼德尔海岸购买的商品，然后按照这样的次序，运往欧洲。

第三章　17世纪的全球化

3. 荷兰出口到印度的是胡椒

有趣的是，科罗曼德尔商人从荷兰输入的最受欢迎的商品竟然是胡椒、丁香和肉豆蔻这些香料。这可能令人惊讶。总之，印度进口荷兰带来的东南亚香料，就占了海岸进口总额的40%。

自15世纪以来，印度一直饱受香料短缺的困扰。16世纪时，香料成为葡萄牙和荷兰的垄断出口产品，占据了印度国内市场。荷兰不是欧洲，对印度而言它只是个胡椒出口国。

那么，荷兰主要的出口产品到底是什么呢？其实是被称为"八雷亚尔"[1]的西班牙银元，即墨西哥银元。为了交换香料，荷兰将白银带到了这个贸易区。结果，荷

---

[1] 八雷亚尔银元的标准制式是直径为40毫米，厚度为3毫米，重量为27.5克，白银含量为25.5克。——编者注

流动的白银

兰带来的铸造银币在科罗曼德尔海岸（东印度）也流通开来。此时，新大陆的白银呈现出在全球范围内流通的态势。

第三章　17世纪的全球化

4. 全球化是墨西哥带给整个太平洋地区的

东南亚有一个被西班牙统治许久的殖民地，那就是菲律宾。1529年，西班牙与葡萄牙签订了《萨拉戈萨条约》[1]，规定了菲律宾的领属。1571年，菲律宾总督莱加斯皮建造了海港城市马尼拉。

装满银子的加利恩帆船来到马尼拉，给这个港口带来了和八雷亚尔一样的墨西哥银元。太平洋航线的贸易从新西班牙（即西班牙新世界帝国，这里指西班牙占领的墨西哥）西海岸的港口开始，被称为阿卡普尔科—马尼拉贸易（大帆船贸易，1565—1815）。

海港城市马尼拉第一次成为香料等亚洲特产的集散地，驱动它的力量正是墨西哥银元。这样，全球化就从

---

1 《萨拉戈萨条约》是葡萄牙、西班牙两国分割全球的重要条约，明确规定双方在太平洋上的势力线。——编者注

流动的白银

新大陆扩展到了太平洋，并建立起了以"阿卡普尔科—马尼拉"为轴心的环太平洋贸易区。

波托西（今属南美洲玻利维亚）和萨卡特卡斯（现属墨西哥）提供白银，万丹、巴达维亚、马六甲和苏门答腊的香料中继路线的发展，还有来自勃固（现属缅甸）的大米输出，促进了科罗曼德尔地区大市场（集散地）的繁荣发展。而作为中心轴的马尼拉与墨西哥西海岸的阿卡普尔科则通过白银和商品相互连接，在太平洋上形成了一个巨大的贸易区。

另一方面，欧洲想出口羊毛产品，但这不得不以从东印度进口香料为代价，高温地区没有羊毛织物。明朝（中国）的情况也十分类似，欧洲进口明朝生产的丝绸产品和陶瓷器，但是明朝的工业产品的生产和消费都可以在自己的国家完成，无需进口。这样的话，欧洲没有可以通过贸易结算相抵的主要产品，而明朝对欧洲的唯一期望就是白银。

1553年，从明朝获得了澳门居住权的葡萄牙，也进入了阿卡普尔科—马尼拉轴心的贸易区。葡萄牙与明朝

第三章　17世纪的全球化

商人合作，从澳门将丝绸产品、生丝和陶瓷器运到马尼拉。这些商品再从马尼拉装载到返回阿卡普尔科的大帆船上。当它在阿卡普尔科卸货后，将从墨西哥运到加勒比海，经大西洋运到伊比利亚半岛。

在阿卡普尔科贸易中，聚集在明朝的白银对一般社会生活产生了重大影响。也正是在这个时候，明朝确立了将土地税和人头税合并，并以银来缴纳的"一条鞭法"[1]，可以看出，明朝的税制改革与大航海时代有所关联。而远东有一个国家正在焦急等待着参与阿卡普尔科贸易，这就是世界上第二大产银国日本。

---

[1] "一条鞭法"是明代中后期实行的一种赋税制度，创建者为桂萼，由张居正于万历九年（1581年）推广到全国。其大概内容就是把各州县的田赋、徭役以及其他杂征合为一条，合并征收银两，按亩折算缴纳。——编者注

5. 岛国日本的白银不计其数

丰臣秀吉出兵朝鲜（朝鲜壬辰卫国战争，日本称文禄庆长之役，1592—1593，1597—1598）以后，日本和明朝的贸易中断，葡萄牙的船只将生丝和丝绸产品运到日本，成为明朝的代工，这正是葡萄牙想要的。将大受欢迎的生丝带到日本，就会获得巨大的利润。

根据《明实录》记载，福建省在与日本的贸易中比与菲律宾的贸易更有利可图，更多的明朝人去往日本，欧洲的情况也是如此。日本是欧洲商人垂涎的地方，他们想在日本收回因为胡椒贸易而从新大陆流向东印度的白银。

但是有一个问题。1590年左右，腓力二世的"护教政策"在欧洲广泛生效。尽管如此，天主教的王权范围除了紧邻的意大利，就只有西班牙—葡萄牙和德国南部

第三章　17世纪的全球化

了。天主教为寻求复兴之路而来到新大陆和亚洲。正因如此，圣方济各·沙勿略[1]来到了日本。

而且葡萄牙代替明朝来日本也是存在问题的。1587年，丰臣秀吉宣布《伴天连追放令》，它阐明日本在天主教上的立场。其实在日本，是天主教还是新教并不重要，但是天主教关于上帝统治国王或君主的观念则是个问题。对于葡萄牙而言，它是想要日本的白银，但是天主教传教的大旗却不能落下。日本也想与葡萄牙进行贸易，不，确切地说，日本想要的是生丝，但又不能接受天主教。这就麻烦了。

---

1 圣方济各·沙勿略，是葡萄牙派至亚洲的天主教传教士，也是最早来东方传教的耶稣会会士。——编者注

6. 伊拉斯谟来到了德川家康跟前吗？

骏府城的大海风平浪静，但凝视着它的德川家康心中却有些烦躁不安，预想的贸易无法进行，都是因为天主教在碍事。传教和商品贸易就不能分开吗？

自《伴天连追放令》宣布以来，日本与天主教之间的关系就一直很差，1596年发生的"圣·菲利普号事件"就是典型的例子。

在丰臣秀吉当权期间，连接墨西哥和马尼拉的阿卡普尔科贸易商船漂到了四国土佐湾，这是一个镇压基督徒的事件，26名"圣人"（包括20名日本人）在长崎被处决。这就是腓力二世的"护教"和丰臣秀吉的"禁教"二者之间的冲突造成的。

葡萄牙于1580年被西班牙兼并，处于腓力二世的"护教外交"（天主教拥护）的统治之下。这样一来，

第三章　17世纪的全球化

西班牙—葡萄牙的对日贸易与天主教传教就浑然一体了，传教与贸易难以分割。

1601年，德川家康在长崎任职时，向菲律宾总督提出了一直悬而未决的与阿卡普尔科进行贸易的许可设想。菲律宾总督的答复如下：每年可以有六艘朱印船，我方会派遣修道会的"伴天连"（即传教士）们到日本，因此我希望他们能得到"保护"。传教和贸易果然是一体的。德川家康接受了传教士，并批准可以在江户建造方济各会教堂、修道院和医院。

但是，在这段时间里，德川家康对一事感兴趣。1600年，荷兰帆船"利夫德号"抵达丰后臼杵海岸（大分县），这艘船经过麦哲伦海峡从太平洋远道而来。在"利夫德号"的船头上，立有出生于荷兰"欧洲最伟大的人文主义者"伊拉斯谟的木制雕像。

伊拉斯谟虽然是天主教徒，但他是厌恶教会的固执、狂热并提倡人性自由的思想家。他批判教会的狭隘和腐败的著作《愚人颂》（1509年），在欧洲深入人心。

083

将伊拉斯谟雕像放到船首可被视为传达海洋和贸易自由的信息。伊拉斯谟的意义对于德川家康来说，是诠释了他心中所期待的"贸易自由"。

第三章　17世纪的全球化

7. 对抗明朝的德川新教联盟成立

荷兰"利夫德号"的航海家是英国人威廉·亚当斯（日本名：三浦按针），随行的高级船员是荷兰人耶杨子。两人在大阪城受到了德川家康的会见，他们说明了荷兰和英国想与日本进行贸易的意愿。此时，德川家康正面临关原之战，他思考着东方的政治地图，并将这两位聘为外交和贸易顾问。

德川家康在考虑未来，即使在关原之战结束之后，仍然不知道何时或将要发生什么，想要用军事力量掌控整个国家，就必须要有足够的财力。他期望这笔巨大的开支能够在贸易中获取。但是传统上，日本一直以来的贸易伙伴是葡萄牙，掌控它的是丰臣氏和西国大名。因此，德川家康试图与新教联盟的英荷方面建立联系。

与荷兰舰船"利夫德号"的相遇，对之后日本的外交政策起到了决定性作用。1609年,德川家康授予荷兰的船长朱印状,这是日荷贸易的开端。

荷兰很务实,于是他们将传教和贸易分开。德川家康想在天主教的传教问题上与葡萄牙断绝关系,这样就会有利于事情的发展。与此同时,日本加入了天主教联盟(西班牙—葡萄牙共主邦联,即伊比利亚联盟)和新教联盟(英国、荷兰等)的国际对抗版图。

第三章　17世纪的全球化

8. 西班牙舰船的浦贺贸易以幻想结束

在东方的国际贸易中，仍然是以日本白银和明朝的生丝、丝织物的交换为主。随着日本战国时代的结束和德川幕府的建立，领主和城市商人中对西阵等地的丝绸织物的需求不断增加，在采矿业中，挖掘、排水、采矿和精炼的生产过程也得到改善，白银的生产量飞跃式地增加，为生丝的进口奠定了基础。

为此，德川家康无论如何都想再恢复日本和明朝的贸易。然而，明朝自朝鲜壬辰卫国战争以来，对日本的不信任情绪一直在上升。因此，除了海上禁令外，明朝还以判处死刑作为违反禁止对日贸易的惩罚，非常严酷。明朝表现了和德川家康的想法完全相反的态度。

1601年，德川家康致信菲律宾总督，要求保护持有朱印状的日本船（朱印船）。从那时起，据说有超过10

万人乘坐朱印船出行，目的地是越南、柬埔寨、泰国和菲律宾等诸多地方。

其中有一万人在东南亚各地寻求生活，他们建立了定居点"日本城"。他们是商人、浪人、身份低下的人，还有许多从日本逃离的基督徒。他们在日本城的工作是推销朱印船从日本运来的商品。但是，最重要的却是从明朝商船上购买生丝和丝绸制品。人们寄期望于日本城的正是这一点。

因此，德川家康要求菲律宾总督所做的就不只是保护朱印船了，实际上，他希望在墨西哥—菲律宾的太平洋航线上往来的西班牙船只进入浦贺的港口，并希望能获得银矿开发的技术援助。日本试图将神奈川作为阿卡普尔科贸易的中转站，打开从西班牙贸易渠道获得生丝和丝绸织物的大门。这是一个非常值得关注的方案。

1613年，日本人实现了第一次横渡太平洋。这次，"庆长遣欧使节"支仓常长经墨西哥被派往罗马。尽管德川家康的目标是接近西班牙和改善关系，但在天主教禁令的约束下，日本与西班牙的贸易并未成真。

第三章　17世纪的全球化

　　西班牙接近日本的态度对明朝不利。西班牙用墨西哥白银和从菲律宾运来的中国的生丝与丝绸织物交换得到了利益。对于西班牙与反日主义强烈的明朝的关系恶化一事，日本希望能与西班牙商谈开放港口。

　　但是在东方，国际政治的组成是无法改变的。禁海和具有反日主义情绪的明朝接受了天主教耶稣会，并加强了与西班牙—葡萄牙联盟的关系。

　　对此，德川家康在天主教禁令下，和英国、荷兰的新教同盟站在了同一方。这样的组成在西班牙无敌舰队之役中对荷兰的独立是有利的。欧洲的国际政治局面就这样被带入了东方。

9. 德川家康的"自由贸易"论和荷兰的商业精神

德川家康是如何看待世界和日本的呢？1613年，他给英国国王詹姆斯一世的信很有趣。

德川家康说：英国船只进入日本的哪个港口都没有障碍，万一有暴风雨时，在哪个海湾入港都没关系。还有，如果英国人想要，他们可以在江户建造房屋、居住或做生意，这些都没关系。

不管德川家康的真正意图如何，他都留下了这样内容的信。从表面上看，德川家康是反对闭关锁国的"自由贸易"论者。想象一下，如果没有天主教传教的问题，德川家康应该是在考虑与欧洲进行贸易，这原本是非常务实的想法。

但是对于德川家康来说，荷兰的吸引力不仅限于其务实的特点，以下几点也不容忽视。1609年7月，荷兰

第三章　17世纪的全球化

使节到达时，给德川家康送来了礼物。礼物清单中有"丝350斤，铅3000斤"，丝是来自明朝的生丝，而铅则是现代武器铁炮的弹药的原材料。

而来自西班牙的礼物是如钟表和葡萄酒之类见面礼（介绍欧洲文化）一样的东西，但荷兰则不同。生丝是日本最想要的现实的物品。同时期国际市场上，日本白银的大量供应是由于与葡萄牙的生丝贸易。

因此，给出想要的礼物的意思是荷兰在表明有自信从明朝运来生丝等产品。说起来很简单，但是如果在竞争中赢不了葡萄牙，荷兰就无法往日本运生丝了。

铅的话，随着铁炮的登场，全世界的战争形态发生了改变。铅作为礼物送给日本，说明荷兰不仅可以提供生丝，还可以提供充足的子弹的原材料。这条消息预示着大坂（今大阪）之阵（日本江户初期德川家康消灭丰臣氏的两次战事，即1614年的"大坂冬之阵"和1615年的"大坂夏之阵"）正在等待德川家康。

在德川幕府第三代将军德川家光时发生了剧变，岛原之乱（1637—1638）爆发。天主教的向心力使民众叛

091

乱了，幕府对叛军束手无策。因此，日本向荷兰寻求帮助，由海上舰船进行炮击。叛乱被镇压了，事情完全按照荷兰人的意愿进行。日本于1639年将葡萄牙排除在外，再次开始了闭关锁国（第五次《锁国令》）。

荷兰赢得了幕府的信任。作为欧洲唯一的贸易国，它可以继续进入长崎狭仄的"单人牢房"般的港口。鉴于可以在日本获取白银，即便艰辛，也很值得。

于是有了接下来的故事。那是1823年，来到长崎的德国医生弗兰兹·冯·西博尔德在出岛上见到荷兰人时惊得说不出话来，他们的服装设计与当时的荷兰人完全不同。出岛的"荷兰空间"自锁国以来，已经停滞了很长时间。西博尔德仿佛见到了200年前的"历史剧"。荷兰人扮演着与幕府印象中相匹配的荷兰人的形象，这可以看出荷兰人异于寻常的商业属性。

第三章　17世纪的全球化

10. 日本白银带来的17世纪全球一体化

巴达维亚—长崎的贸易路线连接起来了，这对于了解荷兰的东印度贸易体制非常重要。巴达维亚是荷兰本国的阿姆斯特丹和东印度公司的连接据点。

从1652—1653年，聚集到这里的总督府的白银约有55.4万古尔登[1]（约4.3万英镑），其中从亚洲得到的是39.5万古尔登（3.07万英镑），实际占了70%以上。仅日本白银数量就很高，达到13.5万古尔登（1.05万英镑）。

荷兰是如何使用从亚洲得到的白银的呢？首先，它将生丝贸易中获利的日本白银从长崎运到印度南部的科罗曼德尔海岸，在此地购买棉布，再将这些棉布带到苏门答腊和爪哇，换取香料（如胡椒）。这就是荷兰东印

---

[1] 古尔登，又称"盾"，荷兰银币名。——编者注

流动的白银

度公司白银流向的交易系统展示。

中国(生丝、丝绸)—日本(白银)—科罗曼德尔(棉布)—苏门答腊、爪哇(香料)的贸易线给17世纪的荷兰带来了财富。中国东海—孟加拉湾贸易线是东印度的贸易结构,也可以说是荷兰繁荣的体系。因此,保护这条贸易线及其利益是荷兰东印度公司的使命。

在17世纪上半叶,荷兰人购买的货物中有一半以上是胡椒。其次是肉豆蔻、丁香之类的香料。1619—1621年,胡椒占56.45%,其他香料占17.55%,仅这两项就占实际进口的近75%。

但是,从1698年到1700年,胡椒下降到11.23%,其他香料是11.7%。胡椒减少得也太多了,替代它的是增加了什么呢?是纤维制品。与上述同期相比,纤维制品的进口份额从16.06%增长到54.73%,而且大部分是棉布。

还有另一个大的变化。1668年,德川幕府禁止了白银的出口。最终,日本和荷兰之间的贸易结算改为铜币。因此,东印度公司强烈要求荷兰本国补给银币。与科罗曼德尔商人的棉布贸易必须使用日本白银,怎么就非银币不可呢？在日本得到的银币全部转移回国终究是不可能的。

那么日本白银在国际社会中的需求度是怎样的呢？这无法确定，但可以确定的是得不到日本白银是极度痛心的事。如果不从日本进口的话，荷兰的白银外流将会加剧。

最终，东印度公司的大部分出口产品都成了银币。到17世纪末，它已超过全部出口的90%。在这种情况下，荷兰的东印度贸易遭受了结构性的危机打击。

11. 为什么荷兰在东印度被英国赶超？

荷兰的东印度贸易的核心是日本的银和科罗曼德尔的棉布。这两者如彼此啮合转动着的车轮，香料贸易就会在其中平稳地进行。然而，自德川幕府禁止白银出口以来，东海—孟加拉湾贸易线的齿轮已停止转动。

另一方面，在这片海域又不得不和英国竞争。1623年的安汶大屠杀中，荷兰击退了英国，从此在东南亚，像英国这样可怕的对手就不存在了。但是，科罗曼德尔海岸并不完全等同于印度东海岸，科罗曼德尔是拥有众多超越宗教和文化差异的自由港口城市。荷兰即便用强硬手段，也不可能控制这里。

直到17世纪下半叶，荷兰才开始涉足香料贸易，同样，在科罗曼德尔买的棉布不过是为了在苏门答腊或爪哇获得胡椒等香料罢了。这与英国以棉布为面向欧洲的主要

第三章　17世纪的全球化

产品这一事实有根本的不同，两国棉布贸易的去向也不同。然而，在17世纪末期，"印度热"在欧洲盛行，荷兰也开始致力于棉布贸易。

为什么棉布在欧洲如此受欢迎？以英格兰为例，城市地区的供水不足，导致只能优先考虑饮食用水，羊毛织物的洗涤是奢侈到极点的事。因此卫生条件很差，这就形成了鼠疫的温床。

况且考虑到西欧是西海岸海洋性气候，除了寒冷的冬季以外，棉布更适合作为服装。不管线号多么细，夏天也不能穿羊毛织物，棉布的流行只是时间的问题。对于这样的趋势，荷兰的政策方针是暧昧的，我们具体来看一下。

建设巴达维亚，控制爪哇，占领马六甲，控制安汶，以及从印度尼西亚海域驱逐英国。所有这些与其说是公司的政策，不如说都是由巴达维亚总督简·皮特斯佐恩·科恩（Jan Pieterszoon Coen，1619—1623，1627—1629年在任）完成的，这在很大程度上归因于他的个人才能和资质。

如前所述，荷兰主要将廉价的科罗曼德尔棉布运往苏门答腊和爪哇。另一方面，英国将印度河河口附近的古吉拉特邦的昂贵的棉布出口给欧洲，贸易结构的这种变化将荷兰逼到绝境。

荷兰固守不断萎缩的胡椒贸易，而英国则将棉花贸易作为主导。通过印度棉布的买卖和棉纺织物的商业化，印度本地商人和欧洲工商业者之间建起了贸易渠道。荷兰已经赶不上英国了。

第三章　17世纪的全球化

12. 荷兰的衰落发生在欧洲

　　东印度贸易是荷兰繁荣的标志。也就是说，荷兰经济的财富来源是古老的波罗的海贸易，是谷物、木材和运输材料的贸易。

　　但是，正如我们接下来将看到的那样，波罗的海贸易出现了衰退的趋势。即使这样，到18世纪初，东印度贸易就补上了这部分损失。当英国的棉布贸易发展起来和日本白银的禁运措施缓和下来时，波罗的海贸易的衰退也就暴露出来了。

　　从17世纪下半叶到18世纪上半叶，欧洲处于人口停滞时期。另外，从新大陆引进的玉米和马铃薯的种植，缓解了粮食短缺问题。因此，为荷兰带来最大利润的粮食贸易走向疲软。

　　社会状况的这种变化并不意味着荷兰停滞不前，主要因素是英国和法国的崛起，以及法国向低地国家伸出的侵略魔爪（遗产战争，1667—1668；法荷战争，1672—1678）。发动战争的是自号"太阳王"的君主路易十四，他打开了与英国进行漫长的"第二次百年战争"（1689—1815）的开关。此时的荷兰被卷入英法战争的大潮中。

17世纪下半叶的法国，处于绝对主义繁盛之时，重商主义的柯尔培尔体制（贸易差额体制）也在不断扩大。这是从贸易中寻求国家财富的积累。出口的增加和进口的抑制，促进了产业的国内化发展。这将使荷兰失去其有利的出口市场。自然，商业贸易的放缓也就降低了商船活动的频率。

第三章　17世纪的全球化

13. 英国的《航海条例》制定了欧洲的航海秩序

对荷兰打击最大的是1651年英国《航海条例》的制定，此举极大地改变了商业贸易的方式。《航海条例》规定，诸如贸易之类的交易，要求进入英国领土的船只仅限于直接制造该商品的国家的船只。也就是说，生产产品的国家不得拜托荷兰运送产品，而是必须用自己的船将其运送到英国领土。

此后，各个国家就不再依赖荷兰运送产品了，而是更改为自己直接将产品运送到英国的体制。从柯尔培尔体制的角度来看，这当然是极为自然的事情，它是促使海运成为自办产业的机会。

欧洲国家不再依靠荷兰的运输，而是将商品从原产国直接运送到进口（消费）国家，这样的方式增加了，海运贸易也改变了。

英国—荷兰战争（英荷战争，第一次1652—1654年，第二次1665—1667年，第三次1672—1674年）的开端源于制定《航海条例》的意义，实际上在这里。

荷兰直到战争爆发都在试图终止《航海条例》，但一直没有成功。英荷战争后，荷兰商人将重心从中转贸易向金融承兑业务转移。

荷兰是由城市贵族的大商人们创建的中转贸易国家，资源贫乏，市场狭窄，能远远领先于他国的工业一个也没有。在那种状况下它的发展已经足够优秀了。但是，坚实的工业基础尚未扎根这一事实意味着国民参与的经济建设并不成功。

国家内部实际上是都市贵族们的分权联合。换句话说，它是各自为政的诸侯联盟形式，也就是"联邦共和国"的形态。可以与英法对抗的统一的强大政治体制和权力就没有了。荷兰总是将经济停滞的原因归结于英国的经济实力太强了无法赶上，但实际上，还是由于自身工业基础薄弱和国民经济的缺失。以上所述，最重要的原因，难道不是因为荷兰没有与英法相比肩的政治形态吗？

14. 以马铃薯为资本主义发展源泉的德国

围绕荷兰独立的国际政治与波托西白银的流通状况是不可分割的,可以这样说,荷兰是"波托西白银之子"。波托西位于南美安第斯山脉,海拔近4000米,从安第斯山脉于16世纪一同传来的还有马铃薯,它于1598年被引入日本。据说它是由一艘荷兰船首先从爪哇的雅加达港(当时日本称其为"ジャガタラ港")运进长崎传入日本。"ジャガタラ"是今日日语马铃薯的语源,马铃薯也来自"马来薯"。这就可以看出东南亚是全球一体化的一个焦点。

闲话少说,回到马铃薯的正题上来。如果说安第斯白银是荷兰独立的源泉,那么安第斯的马铃薯就是现代德国资本主义发展的源泉。"咦,这是什么?"正是由这样的问话引出了这个有趣的故事吧。

17世纪时,马铃薯开始作为食材供人食用,那正是

流动的白银

整个欧洲都被卷入三十年战争的时候，也是一个"寒冷的世纪"。由于战争频繁，气候寒冷，粮食持续歉收，欧洲经济全面萎缩。情况最糟的是普鲁士，饥饿和战争灾难使人口减少了一半。当时，引起人们注意的是马铃薯。长久以来一直被作为观赏植物的马铃薯要被用来作为食物，可以想象当时的粮食供给状况有多糟。马铃薯的单位土地面积的产量极高，而且它可供食用的部分藏在土壤中，具有很强的抗寒能力。

随后，当时的普鲁士开始鼓励种植马铃薯，并在19世纪成为财富的来源。它的力量并不逊色于波托西白银。这可能令人惊讶，当时它并不是用于食材，而是用作烈酒制造的原料。烈酒是用酿造酒制造的蒸馏酒，如伏特加、白兰地等，在日本是烧酒。

这种烈酒是用米和麦的谷粒制成的。然而，1816年，普鲁士的农业极不景气，为了挽救现状，他们对马铃薯的酿造技术进行了开发，情况随之发生巨大变化。这时期马铃薯不是粮食，而是成为酿酒行业的原料，它是经济作物。

第三章 17世纪的全球化

15. 在世界范围中活跃着的马铃薯和烈酒

马铃薯的种植地从德国西北部越过拉贝河，广泛遍及贫瘠的东北部地区。不，应该说是可以被改造为农田的地区，各处都逐渐被改为耕地了。用马铃薯制成的烈酒便宜又劣等，但是，却与大众的需求相匹配，并垄断了整个德国市场。

这样的需求不仅仅在普鲁士国内，马铃薯制的烈酒从汉堡的港口被运到边境外的丹麦、挪威、瑞典，甚至是俄国。在1848年革命后的法国，它被称为"唯一面向大众的酒"而流行起来。从那时起，它已出口到世界各地，包括英国、美洲列国和各国的殖民地。普鲁士马铃薯制的烈酒产业已经发展成面向世界市场的最大的农业加工业。

德国资本主义的形成是建立在面向大众的烈酒产业之上的。栽培原材料马铃薯的和推进烈酒制造业的，正是原来的再版农奴制的经营者们，也就是容克。他们是让农民种植马铃薯的农场主，同时也是将其利润投资到烈酒制造中的企业家。有个说法是，再版农奴制的世界中不会诞生"中产阶级"（资产阶级）。事实证明，这是一个谎言。容克在资产阶级中扮演着重要的角色。

如果说资本主义发展的源头是德国的话，那它就和波托西白银一样源自南美安第斯山脉。原产此地的马铃薯是将德国资本主义的形成和烈酒市场的全球化联系在一起的物品，如又一个"新大陆的发现"一般，给世界历史留下浓墨重彩的一笔。

当然，荷兰独立与德国资本主义的发展之间存在着时间差。即便如此，南美安第斯山脉也是现代德国发展的起源，这是很有趣的。以安第斯山脉为标志的"新大陆的发现"意味着现代世界诞生的大变革？如果从这种观点出发，白银和马铃薯所描绘的历史轨迹，难道不是很有趣吗？

第三章 17世纪的全球化

16. 如岩浆喷出般的现代世界——黑人奴隶

让我们再回到白银的话题中,英国和荷兰购买的印度棉布和胡椒等香料的回报为白银。西班牙的阿卡普尔科贸易也是如此。从明朝的中国南海区域到印度南部,大量的银被散布在东洋一带。

但是,就英国而言是怎样的呢?与已成为西班牙和葡萄牙金银宝库的中南美殖民地不同,在英属西印度群岛和北美大陆没有黄金和白银。那样的话,作为进口商品的回报,用什么来替代白银呢?正是西印度群岛的砂糖、烟草和棉花。如果不是英国将殖民地的作物买来,就不会建立新大陆的经济市场。

西印度群岛可依靠外部获得生活必需的食物和木材,近在咫尺的北美殖民地负责用船来运输,殖民地经济的相互关系也因此加深。在17世纪下半叶,作为传统中药引入的东方茶与新世界的糖相结合成为红茶，并在100年后成为大众饮料。

尽管英国没有银矿，但它获得了等价于银的糖、烟草、棉花，最重要的是，产生了这种与银等价的生产系统。黑人奴隶是其劳动力，奴隶种植园是17世纪现代资本主义发明的国际分工，促进了全球化的进程。

面向欧洲种植园的作物也创造了劳动附加值，作为回报，欧洲出口了羊毛织物和棉织物。这一时期的新大陆种植园，黑人奴隶与棉纺工业、砂糖精制以及朗姆酒酿造业之间有着密切的关系。这是"世界史上的大发现"。

这一发现在大西洋的历史上如一个磁场般强烈地吸引着人与物，建立了一个国际体系来拉动世界历史进程。现代工业世界的坐标轴建立在连接西欧—西非—新大陆的三角形中。

世界历史进入了仿如地壳运动的时代，从地心喷出的岩浆遍布海洋的过程就像现代世界的形成过程。这也是大西洋贸易区出现的时候。

第四章

大西洋贸易区

种植园里从事着繁重劳动的奴隶（阿姆斯特丹国立美术馆）

流动的白银

1. 只要给我咖啡就可以了

这是18世纪的巴黎，位于老喜剧院街（L'Anciennecomédie）的"普罗可布咖啡馆"（Le Procope），它是1686年开业的老店，在老顾客的光顾下生意兴隆，店里嘈杂如鲜花竞相开放一般。

推开那扇门走到里边，就看到了卢梭。伏尔泰在他经常坐的位置上沉浸于自己的世界。来自美国的本杰明·富兰克林也经常光顾这家店，他是为了呼吁支持美国独立战争（1775—1783）。只要有人开始宣讲，这里就像繁花盛开一般嘈杂，每天如此。

咖啡在城市里流行起来。启蒙思想家孟德斯鸠称"巴黎是一个巨大的咖啡馆"（《波斯人的信札》，1721年）。不只是在法国，德国也是如此。据说咖啡是从维也纳流行起来的。

第四章 大西洋贸易区

其中，最喜欢喝咖啡的人是音乐家约翰·塞巴斯蒂安·巴赫，这个时期的他在莱比锡发表了《安静吧，不要说话》（创作于1732—1734年），即被称为《咖啡康塔塔》的名曲。在第四首《咏叹调》中，女主人公唱着：

比 1000 个吻还要甜，

比马斯喀特还柔和，

咖啡啊咖啡，

没有咖啡什么都不能做，

无论怎样我都想要，

请给我咖啡就好……

这样唱在歌中的咖啡，可见是夺目艳丽动人的东西。11世纪的伊斯兰哲学家和医学家伊本·西拿在《医典》中夸赞说"咖啡对健康有益"。但是，这种健康观在巴赫之前，似乎完全不存在。

在1777年的普鲁士，开明专制君主弗里德里希二

流动的白银

世颁布了咖啡禁令。咖啡的进口造成贸易逆差。若不制止白银的流出，财政和经济可能会恶化。欧洲各地都在流行咖啡热。

第四章　大西洋贸易区

2. 大西洋三角贸易并不是"贸易"

与此相比,英国东印度公司带来的中国茶非常受欢迎,有着绝对优势。从平均每年进口的茶叶量来看,在18世纪后半叶,每年都有117亿9854万两白银(1765—1769)流向清朝,占东印度公司总贸易额的73%。

美国独立战争开始时,虽然下跌到66亿6039万两白银(1775—1779),但此后又得到了恢复,到18世纪末进口量急速飙升。从1795年到1799年,年平均额达到386亿8126万两白银,占总交易额的90.4%。

在印度获得的白银还没有存到英国就流向了清朝。这期间,英国东印度公司进口超额的结构完全无法改变。

茶叶进口量变得如此之大,是因为工业革命在城市社会的大众化普及,在劳动者中茶叶的消费也增加了。尤其是在英国,习惯将很浓的红茶和牛奶、砂糖混合饮用。

流动的白银

这样，茶叶的使用量更多。

这样一来，成为国民饮料的茶的普及，一方面加速了白银的流出，另一方面使得从西印度群岛进口的砂糖数量也在增加。令人惊讶的是，与在葡萄酒滋润下茶叶并不普及的法国相比，英格兰的人口很少。但是，18世纪下半叶的砂糖消费量却是法国的3倍。

对亚洲茶叶的需求推动了大西洋贸易区的发展，这还不是全部。18世纪热衷于咖啡的人们一直在寻求可以在加勒比海地区种植咖啡的方法。还有在英国工业革命中的催化剂棉纺织品的原料——棉花的种植，也在新大陆扩展开来。

砂糖、棉花和咖啡这些热带产品已将西欧、西非和新大陆联系在一起，形成了国际商业网络。它被称为18世纪的大西洋三角贸易。但以"贸易"来命名真的合适吗？因为这并不是一个简单的国际商业交易。

大西洋三角贸易是一个通过大西洋的旁路将三个经济区相连的大型生产系统，这不仅仅是买卖关系，还要确保不间断的奴隶劳动力和种植园的供应，以及具有将

第四章　大西洋贸易区

两者联系起来的工业生产系统,使商业贸易的开始成为可能。汇集了如此经济组合的系统的整体,才是18世纪的大西洋三角贸易。

3. 英荷战争与奴隶贸易——英国皇家非洲公司的设立

大西洋三角贸易给世界历史带来了什么？从根本上说，是奴隶贸易和西印度被广泛采用的劳动生产系统——奴隶制种植园，这也是英国现代资本主义发展的根源。奴隶贸易是获得本位币（即银币）的重要方式。英国是怎样进行奴隶贸易的呢？

在英荷战争的激战时期，以约克公爵（后来的英国国王詹姆士二世，1685—1688年在位）为代表于1672年创建了英国皇家非洲公司。与东印度公司一样，它也是一家有特别许可的公司，业务内容是垄断从北非的布兰科角到南非的好望角的土地和贸易，预定的期限实际上是1000年。

但是，该公司在大约40年后破产了。在此期间，总共有500多艘商船往来，10万黑人奴隶被送到英属西印

第四章　大西洋贸易区

度群岛。此外，从西印度还带回了约3万吨砂糖。公司在黄金海岸建造了城堡和商行以进行贸易。破产的原因是公司从一开始就资金短缺，而且周转率低下，再加上大量奴隶货款收不回来。

而破产的决定性因素是非法的商人走私行为盛行。对于西印度的地主和种植园主来说，以低价买到奴隶非常方便。种植园主与这些家伙合谋，向本国议会提出了奴隶贸易的自由化。其实皇家非洲公司真正的目的并不在此。

虽然不是公司本来的意图，但是奴隶贸易额本身并没有下降。相反，这个时代即将达到奴隶贸易的顶峰。从这一点说，皇家非洲公司的创立对英国来说具有划时代的意义。

为什么17世纪的荷兰没有发展成最强的"奴隶帝国"呢？因为在英荷战争中，荷兰被踢出了进入奴隶贸易和种植园帝国的轨道。

从这个角度看，英荷战争是以奴隶贸易为焦点的争霸战。

4. 西印度群岛的牙买加滋养了英国——奴隶专营贸易

1713年,英国无条件开放奴隶贸易,这实际上终止了皇家非洲公司的作用。从那时起,奴隶贩子们就可以自由地在大西洋上活动,他们对向西班牙领地的奴隶出口很有兴趣。

因为在西班牙领地上,奴隶比在英国领地上贵,而且是用精确的本位币来支付。不会有比这更好的条件了。为此,他们必须每年向西班牙领地输送一定数量的奴隶。这种特权是奴隶专营权(奴隶供给契约权)。英国在1713年根据西班牙王位继承战争(1701—1714)中签订的讲和条约——《乌得勒支和约》,垄断了在美洲的奴隶专营权。

奴隶输入的主要舞台是以加勒比海和圭亚那为中心

第四章 大西洋贸易区

的巴西东北部,人数超过360万人(1451—1870),他们被卸到从塞内加尔到安哥拉的长达3000多千米的海岸线上。这里的西非是被称为胡椒海岸、象牙海岸、黄金海岸、奴隶海岸的一字排开的地区。在大西洋贸易的时代,从名字就能轻松看出欧洲和非洲是怎样的关系。

从上述海岸获取的奴隶被带到西印度的牙买加,再从那里出口到西班牙殖民地。来自英属北美13个殖民地的奴隶也经常从那里被运送出去。牙买加是仅次于法属圣多明各(今海地)的第二大奴隶进口市场,同时它还是奴隶再输出的终端。

有多少黑人奴隶被带到了新大陆呢?从1451年到1870年的420年中,被送往新大陆的黑人奴隶的数量约为940万人。17世纪有134万人,而19世纪有190万人。据说高峰期是在18世纪,有600多万人(菲利普·D.柯廷,《大西洋奴隶贸易:人口普查》)。

根据现代奴隶制研究者池本幸三的说法,英国奴隶贩子运到新大陆的黑人奴隶数量约为250万人,其中有50万人被再输出到西班牙殖民地。此外,池本幸三将奴隶以平均零售价为每人 30 英镑来计算，从推进英属北美殖民地建设的 1620 年开始到禁止奴隶贸易的 1807 年为止，一共产生了约 1200 万英镑的利润。其特征是它的一半集中发生在 18 世纪下半叶的 40 年间（1750—1790）。

奴隶贸易商人也是砂糖商人，甚至还是银行家。奴隶贸易的财富流向了港口城市利物浦。考虑到这一点，必须说，英国现代资本主义发展的原动力就是黑人奴隶贸易。

被贩卖的黑人们在奴隶船的摇晃中向西穿越汪洋大海，再也不会踏上故乡的土地。在途中死亡的黑人像垃圾一样，被毫不留情地扔到海里。这多么令人心酸啊！

5. 糖业革命时期的西印度群岛——从甘蔗到朗姆酒

黑人奴隶从西非被送到英属西印度群岛，他们被迫在这里工作以生产出口产品，这就是奴隶制种植园，它把西非和西印度群岛两个社会都纳入至资本主义生产体系中。其中的一个工业产品就是砂糖。

始于16世纪的甘蔗种植和制糖业于17世纪在巴西东北部的圭亚那兴盛起来，在荷兰退出后，转移到法属圣多明各等加勒比海岛屿上。

制作砂糖是很不容易的。这项工作始于甘蔗种植，因此，首先需要广阔的土地。甘蔗剥夺了土地上全部的营养，收割后，土地贫瘠衰败，单靠施肥并不能改变这一切。耕地的迁移是不可避免的。理想情况下是可以立刻移到旁边，这就是为什么需要广阔的土地。甘蔗种植和制糖业的土地从巴巴多斯（1624年沦为英国殖民地，现为英联邦巴巴多斯共和国）扩张到牙买加（1655年被英国占领）。

另外，收获工作也很不容易。收割后，必须立即进行制糖，因为甘蔗中的水分会迅速蒸发。因此，在种植区附近没有制糖工厂的话会很不方便。这样的工作和生产过程又必须有源源不断的廉价奴隶劳动力。

从甘蔗种植到砂糖生产，维持这一工序的奴隶劳动力是必要的。这些形成了生产体制缺一不可的环节，土地的投资、制糖设备的投资和廉价劳动力——这就是资本主义的奴隶种植园。个人或商会级别来经营的话很困难。

而且，制糖不是单纯的耕种，它需要高度熟练的技术。甘蔗收割后，要立即用牲畜和奴隶操作的榨汁机榨汁，紧接着用大锅煮沸，然后，汁水凝固成粗糖。

粗糖精炼后就产出了纯白的砂糖，这时，锅里还残留着浓稠的黏液状糖蜜，这就是制造朗姆酒的原料。"朗姆酒之源"就来自制糖过程中。

第四章　大西洋贸易区

6. 支撑资本主义的是奴隶制和农场领主制

在18世纪末，曾经被视为与白银等价的香料变得不那么重要了，取而代之的是咖啡和红茶，这导致了欧洲砂糖的大量消费。

奴隶制种植园的发展是在"制糖吧！"的一声号令下开始的，这是砂糖出口的驱动原理。欧洲的消费形势促使了西印度砂糖的单一种植（商品作物的单一种植）。咖啡、红茶和糖的相互推动，导致消费螺旋式上升。

砂糖是奴隶贸易和奴隶制生产系统的结晶。茶也好，咖啡也好，没有砂糖的话都不会这么有人气。黑人奴隶心底的不满和愤懑郁积无法排解，但他们的劳动力却创造了"纯白的终极的甘甜"。真是讽刺啊！

英国资本主义的扩张在很大程度上是由于诸如砂糖等殖民地产品的"再出口"。再出口是指，例如英属西印度群岛的砂糖和北美东海岸南部的烟草运至英国（出口），英国再将其出口（再出口）到国外。黑人奴隶也是重要的"再出口商品"。

再出口在18世纪70年代初占英国出口总额（582万英镑）的38%以上，这些财富是从大西洋贸易区中获取的，其产生的轴心是西印度群岛。

因为有再出口得来的财富，英国也能够继续从农场领主制的东欧购买粮食。如果英国花费236万英镑购买的砂糖若不是来自英属西印度群岛，而是从另一个国家购买，那国际收支将会完全崩溃从而破产吧。

第四章　大西洋贸易区

7. 为什么工业革命不是从羊毛织物而是从棉织物开始的呢？

　　随着18世纪末英国棉纺工业的发展，进口的原棉数量增加了。原棉是指从棉花中除去黑种子后纺成纺丝的棉块。其中约三分之二至四分之三的进口依赖西印度群岛，其余的来自莱万托地区（地中海东海岸地区）。原棉的供给也归因于黑人奴隶的劳动。

　　从1750年到1770年间，英国面向国内的工业生产增长率为7%，但是，面向出口的工业增长率为80%。了解英国出口棉织物的情况后，马上就能发现这一点。

　　在1699年，英国向欧洲的出口额为400英镑，相比之下，对新大陆是5700英镑，非洲是6600英镑。到了1769年，虽然对欧洲增加到8000英镑，但对新大陆的出口额增加到了66700英镑，非洲增加到了98000英镑。

为什么英国的工业革命不是从羊毛织物而是从棉织物开始的呢？答案就在上述的出口额数据中。在西印度和西非的奴隶海岸，棉织物大受欢迎，这里是工业革命的源头。当然，英国的资本主义在羊毛工业中已经发展起来。但是，热带地区除了高山地带以外，并没有对羊毛织物的需求。

英国工业革命并不是起源于欧洲传统的纺织工业，即羊毛工业，相反，它始于亚热带纺织产品，即棉织物，与传统无关，与欧洲无关。这种需求在最初主要是在主导大西洋贸易区的种植园主中很强烈。

第四章　大西洋贸易区

8. 为什么工业革命是从英国开始的呢？

　　棉织物非常流行，工业革命正是为响应这种需求而将更多棉制品推向市场。英国国内有铁和煤，并发展了运河交通网，从农村地区获取劳动力，还发明了机器，从而实现了棉制品的大批量生产。但是，仅此观点并不能解释工业革命，它没有说明其本质。

　　工业革命是不能把英国资本主义与世界史分割开的。大西洋贸易区有革命的机动力和庞大的市场，这是由印度产的印花布(calico，印度产棉织物)与二者相适引起的。从一开始，没有世界资本主义的框架就不可能实现工业革命。

　　印花布进入大西洋贸易区与西印度奴隶贸易紧密相关，它成为推动工业革命的强大力量。话说，成为英国资本主义发展道路风向标的是17世纪下半叶出现的克伦威尔军事独裁政权（护国主，1653—1658年在位）。1655年，他占领了成为大西洋三角贸易交汇点的西印度的牙买加。

17世纪和18世纪是战争的时代，这是英国即将建立霸权的时代，其焦点不仅限于欧洲，还有海外。先驱者是克伦威尔。英国击败荷兰和法国的多次战争是"奴隶和砂糖的战争"，其中主要的焦点是奴隶专营权。英国在西班牙王位继承战争中垄断了这个权力。它终结了自哥伦布以来在奴隶贸易霸权上的争夺。

时代在等待着咖啡文化的盛行，茶和咖啡消费量的增加使得西印度群岛的甘蔗种植园逐渐扩张。对这些热带产品需求的增加促使奴隶贸易比以往任何时候都更加活跃。

奴隶贸易的发展在英国西北部的兰开夏郡地区盛行，当时的港口城市利物浦发展为了奴隶贸易港口并逐渐繁荣起来。不仅如此，它还是热带产品的再出口据点，例如西印度的砂糖和东印度的印花布。英国最大的贸易港口，由此迎来了飞跃发展的时代。

第四章　大西洋贸易区

这样的财富，刺激了利物浦的腹地，那就是棉纺织工业发达的曼彻斯特。在 18 世纪后半叶，单靠从印度运来的印花布已无法满足市场需求，曼彻斯特开发了自己的棉质产品。

这样一来，东印度的印花布侵入大西洋贸易区，在西非和西印度群岛引发了一场服饰革命（衣料革命），影响巨大。这对资本主义的扩张起了决定性作用。英国棉纺织工业生产和消费的核心正是在 18 世纪的大西洋贸易区。

英国通过印花布，加强了与印度的联系。但是，英国在印度发现的不过是白银罢了。自 16 世纪以来，西班牙和荷兰出手的许多白银不仅流向中国，也流向了印度。在英国也一样，在商业买卖中必须以白银来支付，才能获得印花布和香料。

英国不仅想阻止白银的流出，还想从印度收回白银。那可能吗？英国又是如何尝试获取印度白银的呢？

9. 英国是如何渗入印度的呢？

从17世纪到18世纪，世界上的白银仍在流向中国和东印度。年产1000万比索的新大陆白银，据说有超过300万流入了亚洲这两个地区。在17世纪，不仅英国，还有荷兰和法国也来到了亚洲。欧洲来到这里，首先是来寻求贸易的。

他们想要获得"东方财富"，包括胡椒、丝绸制品、棉制品和茶叶等。根据高中世界史教科书所述，在中国是为了购买丝绸制品、瓷器、茶叶，在印度则是购买胡椒、棉制品等。

他们将欧洲商品带到亚洲，和"东方财富"进行交换，大量购买亚洲产品，再转而贩卖到欧洲，这是基本的形式。简而言之，为了获得更多的财富，就只有垄断亚洲产品的购买和供应途径。

第四章 大西洋贸易区

与之相对，从欧洲出口到亚洲的就是羊毛织物和葡萄酒了，更多的需求意味着羊毛织物的出口应该很顺利。但是，由于气候和风俗文化的差异，出口到亚洲很困难。在那种情况下，形成了"我是买方，你是卖方"的关系。总之，欧洲带到亚洲的商品就是贵金属，也就是银。

这样大规模的东西方贸易是由荷兰和英国的东印度公司完成的。其中，引起欧洲人极大兴趣的是印度的土地。当时的贸易是受气候影响的季节性贸易，因此，商船队离开欧洲到达印度的日程自然会有时间上的偏差。

在印度，大部分要购买的产品都是内陆生产的，从那里运到一个条件良好的港口，运到之后，在那里等待商船队到达再装船的期间就需要一个储藏商品的设施。这就是"商馆"。当英国和印度之间建立联系时，这个商馆的建设是关键点，一切都是从这里开始的。

马德拉斯、孟买和加尔各答于17世纪中叶设立了英国东印度公司的商馆。从那时起，英国一直积极渗入印度。关于建立商馆和商品的通关问题，必须与莫卧儿帝国皇帝和当地掌权者重新进行谈判。英国将从印度获得贸易协定，那就是"东印度公司的《大宪章》"，这是莫卧儿帝国皇帝1717年颁布的皇家法令。

第四章　大西洋贸易区

10. 当英国商馆在印度成为要塞时

　　那么出现的问题就是商馆成了港口城市。自然，人、货物和金钱（白银）的进出频率变得更高了。随着贸易的发展，试图在商业和金融中获利的印度当地人聚集并居住在商馆的附近。这样一来，存储商品和装卸货物的城镇就好像是"港口国家"或"殖民城市"一样，当地政府也无法管理。

　　那些政局不安的情况，也就是发生暴乱或叛乱时，其目标都是装满货物的商馆。那么如何保护商馆呢？在18世纪，莫卧儿帝国的权力也被削弱时，东印度公司被帝国允许采取自卫措施。英国商馆所在的马德拉斯、孟买和加尔各答此时已转变为要塞型城市。

　　欧洲各国的商馆，或多或少都积蓄了消除这样问题的力量。法国还于17世纪70年代在东南海岸的本地治里和东北部孟加拉邦的金德讷格尔建立了商馆。然后，欧洲人围绕商业权利反复发生冲突，这些权利是指垄断印度产品并在欧洲销售这些产品的权利。当它成为争夺的焦点时，葡萄牙和荷兰被踢开了，18世纪是英国和法国激战的时代。

18世纪中叶之后，英法之间敌我相见，发生了激烈的碰撞，那就是七年战争（1756—1763），它是由印度的英法势力的纷争引爆的。正因如此，东印度公司是欧洲的对立关系在亚洲的延伸，并最终扩展到亚洲各地的殖民地。

但是，英国一举击溃了荷兰和法国，满血深入到印度统治权力的中心并将其掌控，印度开始了殖民地化。

印度的殖民地化是在18世纪后期近100年的战斗中进行的，而这场战斗并不单靠英国，他们与印度各地的政权力量协同作战。这里的英军是指东印度公司的雇佣军，主要是印度人，而不是英国人。

第四章　大西洋贸易区

11. 英国选中了孟加拉

18 世纪下半叶，印度东北部的孟加拉由于莫卧儿帝国国内外的各种纷争，成为政治争夺之地。当时，该地区与帝国分离，成为由太守（莫卧儿帝国统治下的地方官）控制的独立国家。

孟加拉的贸易也很繁荣，从这里将棉纺织品和生丝出口到亚洲各地。承担这些贸易的是印度商人和英国东印度公司等欧洲势力。特别是英国，在孟加拉的贸易占比很高。

正因这样，英国和孟加拉太守建立了合作关系，但当法国开始利用它时，情况发生了变化。英国东印度公司一直对法国持防范态度，并加固了加尔各答要塞。引爆这一切的是孟加拉太守，"谁也不许在我的地盘上撒野"，他的不满爆发了。

流动的白银

1756年，新继任的孟加拉太守道拉，亲自率兵，毫不费力地攻占了加尔各答。当时许多英国战俘在这场冲突中被杀，对局势极为愤慨的东印度公司军队迅速派遣了在1757年与法国的战斗中取得成功的克莱武，大破孟加拉军队。这就是普拉西战役。

在法国的支持下，孟加拉方面绝不逊于英军。但是却遇上了印度商人们的叛变和太守方面的内部纷争，此外，在战争的背后，经济学家的各种纷争，使孟加拉方面的情报流向了英国。

而且在普拉西战役后的1764年，印度方面进行了报复。孟加拉太守、阿瓦德太守和莫卧儿帝国皇帝三方联盟掀起了布克萨尔战役。经过激烈的战斗，英国取得了胜利。到此战争就全部结束了。

第四章　大西洋贸易区

12. 英国如何获得印度的白银？

1765年，莫卧儿皇帝颁布了一项法令，将孟加拉、比哈尔和奥里萨三个地区的"税收和财政部长（Dewan）的权限"授予英国东印度公司，授权的期限将一直持续下去。换句话说，英国在这三个地区获得了永久性征税权。

1773年，英国本国议会制定了《英国东印度公司管理法》，印度殖民地化由此开始。孟加拉第一任总督哈斯丁斯上任。

印度的殖民地化特征是英国东印度公司获得了在印度征收税款的权力。在印度各地，自古就有统治土地和农民的老板（即领主，印地语Zamīndār，音译为柴明达尔）。对此，英国于1793年采取了以下措施。

承认领主们的土地所有权，然后，评估土地的市价，确定其买卖价格后，按其相应的价值支付土地税。这些

流动的白银

措施被称为"柴明达尔制"。到了19世纪20年代,除此以外的印度西部和南部地区也承认农民(耕作者)的土地所有权,并向他们征收土地税(即莱特瓦尔制)。

对于英国来说,这是革命性的。为了获得香料、印花布(印度制造的棉织物)这样的"东方财富",英国直到现在都不得不将一种贵金属(白银)运到印度。然而,因为获得了征税权,英国东印度公司的财富进出发生了结构性变化。

英国东印度公司在贸易上应该支付给印度的白银由印度的土地税收来供给了。此前,为获得"东方财富"从欧洲付出了大量白银,即支付的货款,全部流向印度。然而从现在开始,用印度当地征收的税款支付进口货款就足够了。

这是公司吗?这是交易吗?这不是商业权力的形式吧。只能说英国抓住了统治印度的命脉。英国东印度公司是一家总部位于伦敦的商业公司,它利用印度当地地方政府组织和人才,夺取印度的财富(白银),征税后,再建立一个以此来购买亚洲产品的贸易体制。没有比这

第四章　大西洋贸易区

更好的买卖了。

自从瓦斯科·达·伽马寻求胡椒以来，大量的白银从欧洲流向了印度。从现在开始，白银就要回流了。

流动的白银

13. 通货紧缩严重打击了印度

　　这样狡猾的英国东印度公司统治了印度，它给印度经济带来了什么呢？就以下四点来谈谈。

　　最大的变化是第一，缺乏资金。东印度公司获得税收权，因此使得白银从印度流向英国。

　　那么，如果印度的白银（货币）数量减少，会发生什么？如果钱包瘪了，即便有想买的东西也无能为力。购买力下降，公司会降低价格。所以就有第二点，印度社会长期陷入通货紧缩的状况。需求被抑制，必然导致工业无法发展。通货紧缩经济引发了恶性循环，印度陷入了无法摆脱的萧条。泡沫经济崩溃后，日本经历了"失落的二十年"，这与当时的通货紧缩情况非常相似。

　　第三，使印度经济更为恶化的原因是，18世纪下半叶，印度最主要的出口品棉纺织品陷入了毁灭性的境

第四章　大西洋贸易区

地。在工业革命中，英国的棉纺织工业技术获胜，在市场竞争下，印度的产品输了。

借用致力于改善印度社会的政治家威廉·本廷克（孟加拉总督，1828—1833年在任，第一任印度总督，1833—1835年在任）的话说，"他们的骨头使孟加拉平原变白了"。"他们"指的就是孟加拉没落了的棉纺织工业的工人们，这句话生动地说明了当时的惨状。

第四，随着东印度公司统治的蔓延，迫使统治城市的地方政权将其位置移交给了英国。因此，服务于地方政权的城市里的人，不仅有官员和军人，还有打着"宫廷御用"旗号的工匠和服务业人员，他们都失去了工作。

除了加尔各答、马德拉斯和孟买这样成为贸易窗口的港口城市以外，几乎其他的地方都市都在衰退。这样的话，使得住在城市的人们不得不寻求农业的维生之道。

为弥补棉纺织工业的衰退，印度采用了出口诸如棉花和靛蓝之类商业产品的增产体制。这是填补英国棉纺织工业的转包方式。

14. 约翰·凯伊和克朗普顿的革新改变了历史

棉织物成了获得白银的有效手段（商品）。值得指出的是，工业革命中机械的发明始于纺织工业，作为其先驱的发明是18世纪30年代约翰·凯伊设计的飞梭（滑轮梭子）。丰田工业技术纪念馆展示了使用飞梭的织机。如果你对工业革命或工业技术的变迁史感兴趣的话，请一定去看看，绝对不虚此行。

飞梭是一种用于将织机上的纵丝快速编织通过横丝的工具套件。顾名思义，它在织机上飞来飞去，速度惊人。18世纪50年代到60年代，这个装置在织布机工人中普及开来，使得织布的产量大幅增加，丝线却短缺了，导致不能及时纺织。这种情况下，让发明一种由原棉制成丝线的纺纱机变得非常迫切，甚至到了发出悬赏金的程度。

第四章　大西洋贸易区

　　解决这项课题的是水力式大型纺纱机（专利，1769年）的发明者理查德·阿克赖特。从使用情况上看，对于有大工厂的大型企业来说是很好的，但对于家庭作坊式的小厂来说，这种水力纺纱机却无法适配。所以家庭作坊式的手工业者们采用了1764年哈格里夫斯发明的多轴纺纱机（专利，1770年）。大型工厂和家庭手工业在工业革命下共同促进了棉纺行业的繁荣。

　　但如果不能大量生产优质廉价的丝线是不可能击败最大的竞争对手印花布的，正是针对这一要求，克朗普顿1779年（专利）发明的走锭细纱机（Mule）登场了。"mule"是指马和驴交配所生的杂种，即骡子。走锭细纱机正是吸取了珍妮纺纱机和水力纺纱机二者的优点而制造的机器。

　　1825年，理查德·罗伯茨发明了一种改良的自动走锭纺纱机，到此就结束了技术的革新。卡特赖特于1785年发明的动力织机在19世纪得到了广泛应用，这一时期的工厂化的机器生产系统也得以完善。

15. 当马匹吞噬并杀死人时

18世纪下半叶，产品制造从手工向机器开始转变。时代从手工业发展到机械工业。机械化发明背后的动机是什么呢？是它更方便，能获取更多利益吗？实际上，这可能令人惊讶，在社会中共存的马与人之间的关系是很危险的，之前就有过下面这种情况。

古代世界所寻求的动力源就是人力，但是在12世纪时的英国，"畜力"开始引起人们的注意，也就是马力。马是封建时代骑士的象征，是军事力量。之后它被带入农业领域，并被广泛用作运输和牵引货物与人员的动力。

这样一来，在英国，马的动能在城市和农村地区都得到了合理的利用。但是，这里有一个很大的陷阱。

17世纪的英国，在背上驮着行李来运输的马和使用马车的陆上运输业发达起来。当马成为动力源时，马的

第四章 大西洋贸易区

数量自然增加了,这就不得不要生产大量的饲料。家畜饲料主要是根茎类作物和苜蓿。

因此,在农田上进行了"小麦—芜青—大麦—苜蓿"的轮作方式产生,这就是著名的诺福克耕作法[1]。如果你认为这样可以增加马的饲料,还能确保所需的食物,那就大错特错了。马的饲料不是芜青和苜蓿,而是大麦和燕麦。

麦类是面包的原料,可以填饱人的肚子,而马却抢走了它。一匹马的食量能抵八个人的食量,从当时的情况来看,马和人在粮食分配上是相互竞争的关系。这是一个陷阱。如果能够大量生产谷物自然是没问题的,但是现实情况是做不到的。

截至18世纪末,英国有135万匹马。要饲养这么多的马,需要540万英亩的土地(1英亩为4046.86平方米),这样的面积约占英国所有农田的五分之一。当时,动物

---

[1] 诺福克耕作法,又名四圃轮作制,是18世纪30年代出现在英国诺福克郡的新式耕作方法。该耕作法是将耕地分成四份,每年在不同的份地上种植一种作物,如小麦、芜青、大麦和三叶草等,轮番种植,即四年轮换一次,以保持土壤的肥力。——编者注

力量的增长已达到极限，不能让马再增加了。

如果马继续增加，将夺走人类的食物，威胁到人类的生存。在这种情况下，只能减少马的数量并考虑如何更有效地利用马力，还有一点就是发明代替马力的新动力。

第四章　大西洋贸易区

16. 减少用马从而产生了运河和铁路

德川时代，马的利用基本上都是作为驮马，充其量可以搬运 100 公斤的行李。最初，动力自身并没有完全脱离人力。尽管也有抬着轿厢的马车，但在江户的街道上还没有见到乘用马车。畜力方面，日本并没有寻求马作为动力。与之相对的是，英国更重视马的牵引力。

根据经济史学家角山荣的说法，陆运比水运的运输效率更高，用的是马匹在两岸拉着网拽着船前行的方法。这种方法在河流处使用的话，马力是驮马的 300 倍，如果是专用运河的话，它能达到 500 倍。

在不增加马匹数量的情况下如何增强马力的效果？这种未知的不安感在英国社会中涌动着。减少马匹数量，在这种情况下，要有效地利用马力，需要什么？该怎么做呢？这种种考虑，催生了工业革命的开端。

1761年，连接煤矿和曼彻斯特的运河完工带来了巨大变化。18世纪90年代是运河建设的热潮时期。如果你能想象古罗马的水道，那么运河就很容易理解了。在京都南禅寺（地铁东西线的蹴上站）附近，有让人联想到罗马水道的水路阁。琵琶湖水渠的水道桥，仿佛是工业革命期间英国的运河一样。请到这里来看看吧。

在19世纪30年代，蒸汽引擎的铁路网遍布了大地。有一种说法是，铁路的存在节约了100万匹马。100万匹的话将节约800万人份的粮食。真是大大节省了啊！

英国工业革命的推动力不只是市场方面"更快、更多"的热烈期望，还有就是围绕粮食问题人与马之间应该是怎样的关系。在这样的英国社会状态之下，如何确保获得有效的动能？之后会详细说明，而蒸汽机就是在控制马匹数量并使其减少的不断摸索中出现的。

第四章　大西洋贸易区

17. 动机是煤矿排水和煤炭

英国在17世纪所面临的问题不仅仅是动能，燃料也是如此。在16世纪，木材几乎被耗尽，木炭的供应难以保证。

从煤炭生产量的变化就可以看出这种情况。在1540年左右，煤炭年产量为20万吨，但在1650年约为150万吨，1750年约为450万吨，而到了1800年约为1000万吨。17世纪后半叶，英国的煤炭产量约为世界的85%。

但将煤炭转化为燃料能源存在着问题：

一是挖出煤炭时炭坑中有积水，如何将其抽出？

另一个问题是，煤炭已成为代替木炭的燃料，但煤炭无法熔解铁矿石，因为煤炭熔点很低。而且，如果煤原样燃烧，就会释出二氧化硫并破坏铁，这样就根本无法实现炼铁。

怎么解决这两个问题呢？

18. 让马克思都感到惊讶的史上第一次瓦特革命

第一个问题的解决方式是炭坑必须用抽水机来抽水。在17世纪中叶，人们曾尝试用畜力（马）来实现，但是效果并不好。马是动物，它们经常不按照人类所说的要求去做。因此，人们考虑了替代畜力的方法，那就是蒸汽泵。

第一台正式的蒸汽泵是由托马斯·纽科门在18世纪初期设计的天枰式蒸汽泵。据说北部炭坑地区大约有100台机器在运行。它虽然是一台排出坑道积水的抽水机，但动力并不来自其自身。着眼于这一点，詹姆斯·瓦特于1769年改进、完善了革命性的蒸汽机。

纽科门抽水机的原理是通过蒸汽泵使活塞上下运动，而瓦特成功将其转换为旋转运动。在瓦特之前，并没有使用蒸汽动力作为发动机的机器。

第四章　大西洋贸易区

这时，蒸汽引擎不再仅用于泵，如果将其连接至传动机，则根据用途可以制成发动机，这是蒸汽机完成的时刻。可见，炭坑的排水问题引发了动力革命。

撰写《资本论》的卡尔·马克思评价瓦特的发明为"历史上第一个由人类控制的动力"。水力、风力、畜力，更不用说人力，都不是人类容易控制的。从这个意义上说，马克思的话非常准确。

第二个问题就是煤的熔点很低，可以通过蒸馏煤炭去除杂质（如硫黄）来解决，这就是焦炭。将煤炭转化为焦炭，碳的纯度提高了，并且发热量也增加了。

炼铁的过程是在熔炉中使用焦炭将铁矿石熔化，也就是生铁的生产。接下来，将铁移到反射炉中用"桨"（铁棒）搅拌，这是为了去除杂质（让其燃烧）。这样制成的铁称为炼铁，再进行轧制。通过这些步骤，就制成了铁。

现代制铁的首次出现可追溯到因为木材正在枯竭，为取代木炭而发生的一场燃料革命。而后，瓦特制造了一种名为蒸汽机的动力发动机。这不仅仅是发明，而是一场革命。

19. 培育了"世界工厂"的18世纪大西洋贸易区

1773年，在瓦特改进蒸汽机的时候，英国在印度的殖民地化开始了。同时期，西印度的英属牙买加奴隶制发展繁盛。1661年，牙买加有514名黑人奴隶，到1773年，它已发展到20万人。如此庞大的数字表明，牙买加在奴隶制种植园以及奴隶和热带产品的再输出方面是多么繁荣。

仅西印度群岛（巴巴多斯、牙买加等）就赚取了英国国民总收入的10%以上。其中带来财富的砂糖，并不只是供给英国，东印度也是其市场。这是一种区域内贸易。

在砂糖的买卖方面，东印度被大西洋贸易区的商业网掌管着。由此在结算上，不是在英国本国，而是在西印度进行。西印度和东印度是由砂糖连接成的同一个贸

第四章　大西洋贸易区

易区——大西洋贸易区。

18世纪末，在印度西北海岸的孟买，有45家专门从事亚洲贸易的贸易公司。其中有近20家公司是由英国人或其他国家的白人经营。这些公司成为砂糖买卖的窗口，并且连接着东印度内外的贸易网。

接下来重要的是，购买砂糖的印度将印花布出口到英国，正如我之前确认的那样，当其在西印度和西非流行时，印花布又从英国再出口到了大西洋贸易区。

大西洋贸易区对印花布热情高涨，商品大受欢迎。随着需求的增长，英国西北部的兰开夏郡地区开始生产棉织物。也就是说，它最初是生产印度产的仿造品。然而，从此开始，英国发展成了一个"世界工厂"。也可以说，大西洋贸易区是资本主义世界化和全球化的圣地。

大西洋贸易区是世界资本主义的大爆炸。世界资本主义起源于18世纪的大西洋贸易区。其动力源来自奴隶制种植园生产系统。可以说，没有奴隶制就没有工业革命。

流动的白银

那个时代正是19世纪的"不列颠治世"（大英帝国统治下的和平）。倘若窥视其深处，难道不是"黑色"的血液染红了大西洋吗？

第四章　大西洋贸易区

20. 为什么英国赢得了英法殖民战争？

在18世纪，英国跃居世界之首。为什么是英国而不是法国？人们常说，英国在英法殖民战争（1689—1763）中击败了法国，使美洲和印度成为主要的商业舞台。这是飞跃的基础。确实，很可能是这样。

但是人们还是会问一个简单的问题，那英国为什么能赢得战争呢？在15世纪，英国的羊毛纺织工业发达起来。从那时起，英国的世界贸易之路重组，并且国家实力也得到提升。换句话说，就工业实力而言，英国更高。这样的看法也可能存在。那英国的战斗实力如何？在这方面，我认为英国并不比法国强，战争还受指挥官个人才能的影响。

那么，英国的强大表现在哪里？主要表现为英国能在不牺牲工业经济的情况下，在紧急情况下筹备战争的军事费用。即便不知道战争何时何地发生,英国也有能力筹备军费来应对战争。

实际上,英国的强大在于国债发行的能力无与伦比。发行国债的能力意味着不仅可以在国内筹集资金,而且可以从国外筹集资金,其中最大的客户是荷兰。之所以能够在不强迫国内工业经济的前提下筹集军费,是因为荷兰的大量资金进入了英国。

17世纪,荷兰的阿姆斯特丹作为欧洲物流的港口城市兴盛起来,其代表是英荷贸易。当来自英国的羊毛制品和殖民地产品到达该港口时,它们便被荷兰运往德国和北欧各国。但是,随着18世纪英国、德国、俄国和北欧等波罗的海地区开始直接进行交易,荷兰的辉煌到了黄昏时刻,它不再是东西欧贸易的桥梁了。

这也并非说明荷兰时运已尽,阿姆斯特丹在实物交易中起着领导作用,但在此期间也建立起欧洲金融中心的地位,失去商业主导权的商人们转变成了金融业者。

例如,当18世纪英国和俄国的贸易出现快速增长时,买卖双方的结算是阿姆斯特丹作为中介进行的。因此,

第四章 大西洋贸易区

在18世纪下半叶，荷兰仅决算手续费的年收入就超过600万英镑。这笔钱是个什么概念呢，当时英国的总出口额约为1500万英镑。这样一看，就可以知道荷兰金融经济的繁荣程度了。

虽然有如此规模的财政收入，但是荷兰的国内投资却并不如人意。那个时候，商业霸权即将转移到英国。在这种情况下，有形贸易减少了，无法期待对工农业的投资。从决算中获得的巨额收入将不复存在，贷方将拥有借款人优势，利率也会很低。因此，从贸易结算中获得的金融收入都流向了对外投资。

投资目标的选项是英国或者法国。在18世纪，时代的风吹到了这两个国家，荷兰的投资遵循经济原理，朝向利益获取的一方。当然，与外国政治和宗教文化的共鸣可能是影响投资决策的一个因素。

在路易十四时代，法国成为天主教的根据地，并企图统一西欧，但在荷兰的反天主教力量对其进行了猛烈反击。当时的荷兰，在17世纪历经了三次英荷战争，也有很多对英国贸易政策不满的势力卷入其中。但无论何种情况，荷兰购买了英国国债，减轻了英国国民的战争负担却是事实。

纵观荷兰的这些动向，也就意味着虽说荷兰从18世纪世界商业霸权之战的舞台上退下来了，但是这一次凭借其雄厚的资金，它却能决定英法殖民战争的走向。

第四章　大西洋贸易区

21. 英格兰银行是对法国发动战争的基石

　　为什么荷兰要买入英国的国债？是为了资金的流转。其背景是英格兰银行（1694年）的成立。英法殖民战争开始时，英国因为巨额的战争费用借款，于1693年设立了国债制度。

　　承接这些国债，从内部和外部筹集对法战争的资金并将其借给政府，这就是英格兰银行的业务。因此，该银行并不是作为货币发行的银行而设立的，发行货币是后来增加的业务。

　　英格兰银行成立时，英国议会所认可的租税收入被设立为银行基金，议会担保了政府债券。换句话说，银行基金被用来向购买国债的投资者支付利息。国债的发行由具有国家主权的议会来保证，这给予了外国投资者最大的安全感。出于这个原因，荷兰的投资流向了英国。

那么国债的最大特点是属于"长期贷款"类型，因此，英国政府不必在短时间内归还借入的资金，就可以建立稳定的国家财政了。

英格兰银行的设立和长期国债制度的开始，还有同时代的税制改革等，在英国历史上被称为财政革命，是殖民地帝国向大英帝国转向的准备期。

话说财政革命，如前所述，它是由如何借来英法殖民战争的资金而开始的。使之成为可能的是成为世界金融中心的阿姆斯特丹的资金，它流入了英国，而不是法国。英国赢得了18世纪的一连串战争，因为它建立了收集战争费用的制度——英格兰银行和议会之间的合作制度。财政革命是与军事国家路线相关联的。

英国对法国发动大规模攻势的时候到了，那就是七年战争。财政革命和军事国家路线的威力在这场战争中得以最大化实现。

这场大战于1756年由地中海开始，法国军队占领了英国的战略基地梅诺卡岛。梅诺卡岛阻碍着法国的亚洲航行，相当于一个防守运动员的位置。如果这个瓶颈得

第四章　大西洋贸易区

不到解决，法国将完全被英国的海上封锁控制住。

当时，普鲁士军队入侵萨克森，在世界燃起了全面战争爆发的烽火。对于英国来说，七年战争是为了争夺印度和美洲殖民地的归属问题，所以要在欧洲内部压制住法国。

英国将欧洲内的战争全部交给普鲁士，自己全力投入殖民战争中。1757年，英国东印度公司军队在普拉西战役中大破法国和孟加拉诸侯联军，它决定了英国在印度的利益取得，是世界历史的转折点。

同时，在北美的路易斯堡（现属加拿大）进行了激烈的战斗，英国的军事胜利明朗后，魁北克和蒙特利尔也沦陷了。法属西印度群岛的甘蔗种植基地马提尼克岛和瓜德罗普岛等也落入了英国人的手中。实际上加勒比海、北美和印度战争宣告了七年战争的结束。

这是英国在北美和加勒比海地区建立压倒性优势的时刻，并且它掌握了世界商业的主导权。描绘帝国崛起的英法殖民战争是英国贸易圈扩张的历史。在英国的主导下，建立了亚洲—非洲—加勒比海和美洲的贸易网络。

流动的白银

将它们连接在一起的是棉织物和茶叶等亚洲物产，以及黑人奴隶制带来的加勒比海的咖啡和砂糖，还有来自北美的烟草。

具有大西洋磁场的商圈将印度和清朝也连接起来，形成了全球贸易网络。与过去北海、波罗的海的地中海商圈市场的时代不同，这种状况应被称为英国商业革命和对亚洲和非洲产品需求的增加而引发的生活革命。

以上两个革命，让英国打算在本国发展港口城市，将其发展为全球性的贸易据点。其中以利物浦和布里斯托尔为代表，它们闪耀着夺目的光彩。而且七年战争结束后，它们与18世纪下半叶开始大力推动的工业革命联动起来。

在工业革命、商业革命和生活革命的齿轮相互啮合的同时，殖民地帝国的经营得以重组。19世纪中叶兴起的不列颠治世的基础，在这个时代成型了。

第五章

鸦片贸易与白银流出

24岁就任的最年轻的英国首相小威廉·皮特

流动的白银

1. 曼彻斯特商会的抗议

这是1820年6月,一份请愿书已提交给英国下议院,其中提出了以下期望:

在非洲最南端的好望角以东的国家中,最富有的就是清朝,人口也很多。如果没有任何阻碍该国与曼彻斯特之间的贸易往来的话,清朝将成为曼彻斯特棉纺工业的重要市场。

请愿书的内容如上所见,在"好望角以东"的这些国家中,英国不仅对东印度,而且对中国的"自由贸易"都寄予厚望。它是由原属兰开夏郡棉工业区的都市曼彻斯特的商会倡导的。

1820年发出请愿书时,在走锭纺纱机上可设置的纺

第五章　鸦片贸易与白银流出

锤数量增加了，这样就能制造更多棉线。棉花进口量不断上升，棉纺织业就兴盛起来。

拿破仑战争结束的第二年——1816 年，棉花的进口量为 8000 万磅。到 1820 年是 1.2 亿磅。将 1816 年的指数设为 100 的话，1820 年是 150。增长趋势没有丝毫停滞，1830 年是 279.1，1840 年是 517.4，1850 年是 663.1，1860 年达到 1221.6。棉花进口量正在飞速增长。

棉花作为棉布原料的需求，从 18 世纪的大西洋贸易区扩大开来。这次，曼彻斯特的棉纺业者希望的不仅仅是下一个英属东印度群岛，而是对清朝市场的期待。上边提到的曼彻斯特商业会议所的请愿书对于看清"好望角以东"的亚洲和世界的未来是非常重要的。可以预见到国际政治的主要舞台将成为清朝或日本这样的东方国家。

流动的白银

2.17 世纪的三角贸易计划没有实现

象征着曼彻斯特的棉纺织工业是怎样在世界史的脉络中突然出现的呢？从一开始，英国的传统工业就是毛织物，然而，从 16 世纪中叶开始，英国与实际上的大客户北欧的贸易就停止了。1600 年伊丽莎白女王时代东印度公司的创建就意味着英国在寻求解决方案。在那个时代，东印度群岛引起了人们的注意，因购买胡椒繁荣起来。东印度公司寻求使用羊毛织物来购买香料。

对此，英国有个构想，即将英国—印度—印度尼西亚的三角贸易线连接起来。首先，用本国的羊毛织物在印度换取印花布，再将其带到印度尼西亚换取香料，然后将香料送到英国。

印度被葡萄牙占领。英国人在与葡萄牙的战争（1612—1613）中获胜，并成功在西海岸城市苏拉特建

第五章　鸦片贸易与白银流出

立了商馆。英国从葡萄牙手中夺得了东印度,想继续保持到手的这个贸易圈的贸易环境。

但是,这个构想失败了。其一是因为安汶大屠杀[1],英国在与荷兰的纠纷中失败了。其二是决定性因素,印尼和印度对羊毛织物的需求无法预期。

因此,这家东印度公司仅进口了印花布。与对英国传统羊毛织物工业构成威胁的印度印花布相对,东印度公司将大量白银带到印度。而且,印花布的价格是羊毛织物的三分之一,它成为英国社会普遍的衣服用料。

为了应对印花布这样的大攻势,英国政府于1701年全面禁止了像印花布、丝绸织物这样的亚洲产品。禁止意味着既不得出售也不能使用。

政府和议会一起进行了羊毛工业的保卫工作,并得到了回报。这时,东印度公司命令前往亚洲的舰队尽可能多的购买生丝。禁止使用丝织物的是英国,与印花布一样,这意味着再出口没关系,有利可图的东西就这样

---

[1] 1623年英国和荷兰在东印度群岛争夺香料货源及生产地的事件。——编者注

默默地放跑是不可能的。

到 18 世纪，印花布在西非和西印度群岛的再出口大受欢迎，东印度公司获得了丰厚的利润。这也是后来的工业革命开始于棉制品的原因。

3. 为什么英国东印度公司进入清朝?

英国政府决定不仅限于对印花布的禁令,东印度公司还有在东洋出口毛织物的义务。当重商主义发展成这种情况,就是非理性的了。这种义务占出口量总额的10%。

换句话说,东印度公司必须通过再出口贸易赚钱(公司本身的利润追求),而且还必须为羊毛织物的出口开拓市场(国家命令)。

"印度的闷热让人受不了,不需要羊毛织物,应该卖不掉吧。政府和议会都考虑一下吧。"这种不满很可能会从东印度公司流出。

这个时候,出现在他们视野中的是清朝——"让我们把这个大国变成一个毛织物的市场吧!"因此,自18世纪初以来,东印度公司的船只每年都会在中国附近海

流动的白银

域出现。1759年以后，每年有10艘船左右。1786年，其他国家的17艘船也来了。与此相对，英国有62艘船。

清朝对外国船只的动向很敏感。在清朝建立之初，统治者正忙于粉碎在海上贸易中发家的郑成功一族的"明朝复兴"（复明）。因此，1656年，清朝颁布禁止私人船只出航和贸易的禁令。1661年，大陆沿海地区又颁布了一项迁界令[1]，以加强海洋禁令。唯一的例外是葡萄牙和荷兰对澳门的贸易。

直到1683年海禁才有所缓和，因为清朝成功收复郑成功"复明"的据点台湾。从那以后，外国船只来到了大陆东南沿海的宁波、厦门、广州和澳门等地。但是由于1757年乾隆皇帝的贸易限制令，情况又逆转，广州成为唯一开放的港口。可以说海禁的国家原则倾斜过度了。

1718年进口品目中曾经熠熠生辉的生丝、丝绸织物的地位被茶叶取代了，而且它的势头在18世纪后期一直

---

[1] 迁界令，又称迁海令，是禁海令的扩大和补充，顺治十八年（1661年）开始实行。其具体内容是：将今福建、广东、浙江、江苏、山东、河北六省沿海及各岛屿的居民内迁30至50里，居民、官兵全部迁移到界线以内，在沿海一带形成一个无人区，沿海滨向内若干里界线由各地官兵划出，并严令军民不得私出境外，违者处斩。——编者注

第五章　鸦片贸易与白银流出

没有减弱。茶叶的进口量在1761年为286万2773磅，到1771年达到679万9010磅，增长到原来的两倍多。

然后，在1784年，总进口额还在继续增加，茶叶从113万零59两银（1780—1784年年平均额）涨到365万9266两银（1785—1789年年平均额）。竟然增长到原来的3倍多！

这样，从东印度公司流向广州的白银数量几乎无休无止。

4. 支持东印度公司的是私人公司的商人

话说茶叶的进口量突然猛增的18世纪70年代，英国东印度公司遇到一个棘手的问题——它很难获得新大陆的白银来和清朝进行茶叶贸易。创造世界历史新流向的七年战争结束了，英国巩固了"殖民地帝国"的地位，并将世界贸易的主导权握于手中。

但是七年战争之后，等待英国的是美国独立战争。与此同时，对法国（1778年），对西班牙（1779年），对荷兰（1780年）的战争，一次次袭来。

上述局势让英国在国际上受到了孤立。因此，东印度公司变得不便用新大陆的白银来支付购买茶叶的费用。换句话说，英国被从新大陆的白银供给中排除出去了。

如何摆脱这种困境呢？倒是有一种方法，可以在广州的贸易中从势头强劲的地方贸易商人那里通过茶叶买

第五章　鸦片贸易与白银流出

卖来筹集资金。地方贸易商人是由东印度公司许可设立的私人公司的商人。

地方贸易商人与东印度公司虽然有竞争或对立的关系，但也是相互合作的关系，他们使广州的贸易交易量增加，也为英国的经济发展贡献了一份力量。它在印度获得棉花，并将其与英国羊毛织物一起运到广州获得财富。

东印度公司利用这种关系，将地方贸易商人在广州赚取的收益转换为伦敦支付的汇票。这样的话，地方贸易商人的白银就被放入了广州东印度公司的钱包中。因此，东印度公司得以度过了缺银而不是缺钱的危机。

当时，英国正处于美国独立战争之中，无法期待其送来银币。解救东印度公司离开困境的不是英国，而是在印度—清朝的沿岸出没进行"自由贸易"的地方贸易商人。

18世纪末，清朝开始对地方贸易商人的力量进行压制，进口额超量（白银流出）的倒计时开始了。

流动的白银

5. 皮特构想伦敦成为国际贸易中心

美国独立战争结束后,英国提出了一种新的贸易构想,它的急先锋是皮特(William Pitt)内阁(1783—1801年,1804—1806年在任),皮特于24岁成为首相,是历史上最年轻的内阁总理大臣。

让皮特出名的是他成立了反法同盟(1793—1796年,1799—1801年,1805—1814年)来抗衡法国大革命和拿破仑皇帝。但这还不是全部,皮特内阁还大胆地描绘了对亚洲的构想。1792年,它决定派遣使节团与清朝谈判,团长是马戛尔尼。推进派遣使节团的皮特是使东洋传统国际秩序(册封体制)瓦解的决策人。

皮特内阁将工商业的发展作为其政策之一。具体来说,它从印度和清朝赶走了英国的竞争对手,使伦敦成为亚洲产品的集散中心。

第五章　鸦片贸易与白银流出

　　欧洲国家表示，它们无须去亚洲就可以在伦敦备齐货物。为此，英国不仅要将本国商品运到清朝，而且还有新计划，将在华北打开更多贸易窗口。

　　皮特的构想是非常强硬的、令人惊讶的。但是，东印度公司不再掩饰对清朝交涉使节团团长马戛尔尼跨过自己直接受本国主导的情况的不满，这就是为什么在谈判中虽然东印度公司提出不参与一般商品的"自由贸易"，但是皮特政府却予以拒绝的原因。

　　时代的风向变了。伯明翰的金属、威尔特郡的羊毛织物和曼彻斯特的棉纺织品已成过去，现在是这些英国工业产品在东洋全面崛起的时候了。为此，英国提倡亚洲贸易不必由东印度公司管理，而有必要在清朝建立贸易仓库，供贸易商自由使用。

　　皮特的想法是使伦敦成为亚洲产品的主要国际贸易中心，甚至有让人想起万国博览会之感。派遣马戛尔尼到清朝就是基于这一计划。

　　1793年10月，马戛尔尼根据皮特的构想，将以下要求转交给了清廷的军机大臣和珅。

175

流动的白银

1. 清朝赋予英国在舟山（位于今浙江省）、宁波（位于今浙江省）和天津（今天津市）的贸易权。但是，英国须遵守清政府的法律和关税规定。

2. 可以按照俄国的先例在北京建立仓库。

3. 授予使用舟山附近小岛作为英国定居点和用于贸易仓库的权利。

4. 在广州周围也享有同样的权利，并授予英国人在广州常年居住和骑马散步的权利。

皮特内阁派遣马戛尔尼的明显意图是他构想将清朝市场扩大到华北地区。然而，此时的清朝正处于加强海禁的乾隆皇帝（1736—1795年在位）时代。

由于这些原因，皮特的构想就与之成了水火不相容的讨论，谈判失败了，而马戛尔尼的派遣却成为贸易自由化谈判开始的"终点"。

第五章 鸦片贸易与白银流出

6. 为什么进行鸦片贸易？

18世纪末，当皮特提出贸易改革构想的时候，殖民地印度的孟加拉正在种植鸦片。说要将鸦片销售到海外的是孟加拉第一任总督哈斯丁斯（1774—1785年在位）。总督是东印度公司管辖下印度殖民地的行政长官。

哈斯丁斯思考着怎样创造必要的财政资源来统治印度，其答案就是鸦片的种植和输出。他说了下边这些话：鸦片不是生活必需品，生产大量的鸦片是令人不快的，但是出售给外国的话就没有关系。但是，在英国国内应该明令禁止这种"有害的奢侈品"。

哈斯丁斯的话是很有道理的，说明了没有什么比鸦片更有害，因此在英国是不能接受的。但是，如果它有利可图，将其出售到海外是可以的。

即使东印度公司垄断了鸦片贸易，也没有人受到伤害。因为鸦片是一种特殊的商品，与普通贸易无关。确实，通常在贸易中交易的是生活必需品及原材料、工业制品等。像鸦片这样的有害产品不得在光明正大的状态下进出港口，除非是用于医疗装在特殊的箱子中。哈斯丁斯注意到了这一点，鸦片是与清朝的贸易中，不用和其他国家竞争的产品。

这样，英国东印度公司向孟加拉地区的农民预支了费用，让他们制造鸦片。这就是预付款制度。东印度公司既是企业，也是统治印度的政府。因此，通过采用这种制度，不仅完善了鸦片生产体系，而且实现了对孟加拉农民的直接控制。

鸦片贸易伴随着土地税收，它成为印度殖民管理的基本财政来源。将这些财富带到印度的正是东印度公司和在双赢情况下扩展力量的地方贸易商人。

在东印度—清朝的贸易网络中心的他们，不仅在运送棉制品和羊毛织物，而且在鸦片贸易中一拥而上，而地方贸易商人是东印度公司的支撑力，这就是不能将鸦片排除在贸易商品之外的深层原因。

第五章　鸦片贸易与白银流出

鸦片贸易是包含印度的殖民统治和东洋的商业网在内的东印度公司的经营系统。从鸦片生产到出口销售的网络牢固地连接了东印度和清朝的商业线路。

7. 鸦片销售的目标是清朝

在19世纪30年代末，英国东印度公司的贸易垄断结束时，从印度流向广州的鸦片数量非常大。H. B. 莫尔斯的《国际关系》中提到，在1800—1804年之间，鸦片进口量平均每年为3562箱，但到了1835—1839年间平均每年为35445箱。30年左右增长到近10倍。

这些换算为清朝银两约为1875万两。这是什么程度的价值呢，举个例子来看，那时候清朝的财政年收入约为4000万两白银。这样一想，就会发现鸦片进口的代价是多么巨大了。但是，如果鸦片的进口量增加，价格将会下降。如果发生这种情况，那么印度政府的鸦片收入也将减少，因此，地方贸易商人试图将降幅控制在最小，并努力恢复了鸦片的高价。

这些地方贸易商人是主动出击型的。如果广州的鸦

第五章　鸦片贸易与白银流出

片价格暴跌的话，去找能高价收购的"优质客户"才是出路，于是他们将鸦片市场扩大到了长江下游和华北地区。

最好的例子是怡和洋行。1832年，该公司的希尔福号从长江下游的浙江省、江苏省航行至山东省，最后将鸦片销售至满洲。大约在同一时期，美国船只从土耳其购买了鸦片，来到广州。两国在鸦片贸易领域是强力的竞争对手关系。

英国东印度公司应该做的是确保印度殖民政府的财政收入（获取白银）。这就是将清朝作为鸦片销售目标的原因，清朝人多，也就意味着能获取更多白银。

进入清朝的白银主要是西班牙银元，它也被称为洋银或番银，也就是所谓的国际货币墨西哥银元。到18世纪中叶，每年至少流入200万至300万美元以上的白银。进入19世纪，这回是美国船带来了600万至700万美元的白银。

自18世纪起到19世纪30年代初，清朝积累的白银量估计超过5亿美元。这么巨额的白银，清朝用来做了

181

流动的白银

些什么呢？不是购买英国的棉纺织品，而是印度的鸦片。

鸦片是现金交易。这就是为什么商人想要品质更好的白银的原因。19世纪20年代后，低纯度的西班牙银元变得不再受欢迎，以库平[1]（清朝的金衡单位）度量的高品质库银，充盈了英国的地方贸易商人的口袋。

---

[1] 库平，清政府征收租税、出纳银两所用的称量标准，清朝康熙皇帝时制定。光绪时规定库平一两等于37.301克。——编者注

第五章　鸦片贸易与白银流出

8. 清朝的鸦片贸易立场

　　鸦片腐蚀了官僚还有军队。不，整个社会就是个巨大的鸦片市场。作为交换，从清朝流出的银量不计其数。由于自由鸦片贸易而造成的这种情况被称为"漏银"。

　　在1828—1829年的广州贸易年度结算中，鸦片进口金额（989万9280两银）最终超过了一般商品的金额（880万5107两银）。从那时起，这种趋势加剧，清朝的白银数量越来越少，国内白银价格上涨。年度结算时鸦片进口额几乎占国家财政收入的四分之一。这说明什么呢？

　　清朝是银本位制。税制也是以银价来表示纳税额的，但是，日常社会使用的却是铜币。实际上，纳税也是将白银转化为铜币。因此，如果白银价格上涨，自然会增加纳税额。

　　比较一下1800年时的白银和铜钱的价格，一两银为铜钱1070文，1830年是1365文，到了鸦片战争前一年——1839年，上涨到1679文。如果这种情况持续下去，通货膨胀加剧，经济将持续恶化。鸦片问题已成为由漏银引起的严重的经济问题。

这时，清朝政府就鸦片贸易进行了激烈的辩论。争论焦点有以下两个：一个是彻底取缔的禁止论。另一个是使鸦片合法化，但在使用方面，应加强监控管理，这样一来走私就赚不到钱，而且可以光明正大获取进口关税，并丰富国家收入的容忍论。

当时道光皇帝（1820—1850年在位）命令各地的地方大臣寄送自己禁止论或容忍论的观点，提出解决问题的方案。在20多名地方长官中，只有4名提出禁止论，其他都是容忍论。

取缔鸦片是很难的。即使是刑罚，吸食鸦片就判处死刑也过于严厉。在清政府中，压倒性的意见是，允许使用鸦片，但要缴纳高额关税更切合实际。

那个时候，有一个答案停留在道光皇帝眼中，它是4个少数派之一，回答者名为林则徐。

第五章　鸦片贸易与白银流出

　　他对取缔鸦片和惩罚的对象、方法非常具体和现实。例如，对于吸食鸦片的人，如果他们自首，将按初犯免除惩罚，对于提供吸食工具的人也有涉及，立刻就可以使用鸦片取缔法进行惩处。

　　而且，林则徐接下来的诉求更让皇帝身心一震。

　　就这样磨磨蹭蹭下去，几十年之后，将没有士兵来保卫国家。白银也全部外流，军事资金严重不足。到时，即使感到后悔，也无法再拯救国家了。

　　清朝皇帝被林则徐的言论所震撼，驳回了多数派的鸦片容忍论。当权者一声令下。

9. 美国和英国在广州的贸易

对英国而言，鸦片是"自由贸易"的先驱。"自由贸易"始于鸦片贸易，这是历史的现实。

鸦片是开拓清朝贸易的有力商品，地方贸易商人用鸦片作为武器打开了清朝的市场。他们获得了英国东印度公司的许可，成立私营公司，并在鸦片贸易中发展起来。对于东印度公司而言，地方贸易商的"自由贸易"至关重要，这是白银的主要收入来源。

但是对于可以自由进行鸦片贸易的地方贸易商人而言，东印度公司不是必需的。印度—清朝之间贸易的主体是他们本身，不是东印度公司。这种自豪感深入他们活动精神的核心。

接下来在19世纪20年代，东印度公司在英国受到巨大压力，那是在新来者美国到达广州的时候。美国商

第五章　鸦片贸易与白银流出

人带来白银并购买茶叶，不用汇兑，付款及时。它对清朝的广州商人来说很有吸引力。

这还不是全部。美国船只将越来越多英国制造的棉纺织品运往广州。这一数额远远超过了英国东印度公司的出口量。以 1820—1824 年为例，在广州进口的棉纺织品中，从英国船上运来的年平均额为 12295 两银。与此相对的，从美国船上的进口量是它的近 10 倍，118972 两银。在广州交易的英国棉纺织品，有大部分是从美国流入的。

这种情况令英国从事生产和销售的人们气愤难平。鉴于英国生产的产品被给予特殊对待，东印度公司的产品则被视为品质不行。

就在此之后，发生了将东印度公司逼入困境的事。

10. 从那时起英国转向"自由贸易"主义

自从 1825 年工业革命以来，一往直前成长的英国棉纺织业突然遭受了经济危机的打击。这是第一次经历挫折，原因是棉纺织品生产过剩。在兰开夏郡，到处都有工人被辞退。第二年，失业者泛滥成灾，并引发了骚乱。

要怎么做才能熬过危机？经营工厂的从业者（工业资本家）必须从长远角度采取具体措施，该措施就是亚洲贸易的自由化。

1827 年，曼彻斯特商会成立了东印度贸易的实况调查委员会，接下来是 1829 年，利物浦东印度协会呼吁伯明翰、布里斯托尔、格拉斯哥、曼彻斯特的商人们进行"自由贸易"活动。这是反对东印度公司贸易垄断行为的运动。

经济学家认为，经济危机是因为英国国内棉纺织品市场已经饱和，因此，他们认为应该寄希望于进一步扩

第五章　鸦片贸易与白银流出

大海外市场，并朝着这个方向采取措施。

以曼彻斯特和利物浦为中心的英格兰西北部的经济学家，在下议院中热切呼吁进行贸易自由化。所以，1832年进行第一次修改选举法时，工场经营者代表和"自由贸易"论者在下议院中占主导地位。1833年，英国召开了第一次选举法修改后的议会，并批准了格雷内阁的"自由贸易"提案。1834年，东印度公司的对华贸易垄断权被废止，自1600年以来，持续了230多年的国际贸易公司的角色就此结束。

11. 贸易是要"叩头礼"和怜悯精神的

对于英国的贸易自由化，清朝自乾隆皇帝以来一直持反对态度，没有改变。这是贸易无用论，是1793年清朝统治者拒绝马戛尔尼大使的要求时的理论。

清朝的物产丰富，什么都有。因此，统治者认为没有必要购买"外夷"（西洋）的商品或与其进行贸易。但是，对于西方国家还有英国来说，茶叶、瓷器和丝绸是生活中不可或缺的物品，清朝只打算赐予恩典，施予怜悯。

与茶叶、瓷器和生丝的买卖来进行贸易相比，清朝更愿意自居为"世界的兄长"，对于作为"小弟"的国家（外夷）只是"赐予恩典，施予怜悯"的态度。在这种情况下，不是贸易论的问题，而是它早已成为清朝的世界观。英国就要逼迫清朝接受这种贸易理论的转变。

第五章　鸦片贸易与白银流出

英国的"自由贸易"主义不同于东印度公司那样进口茶叶并在国内外高价出售以获利的方式,它旨在将清朝纳入英国工业产品出口的世界市场。鸦片战争(1840—1842)真的解决了这个问题。

战争的根本原因是什么?我们经常听到的原因是,清朝统治者让远道而来的英国使节(1792年马戛尔尼,1816年阿美士德)行三跪九叩之礼(叩头礼),这是参见皇帝时的礼节。这是怎样的礼节呢?使节在听到"跪"的命令时,将两膝和双手触地,听到下一个命令要求"叩头"时,把额头碰到地板上,每跪一次要叩头三次。因此,使节要跪伏在地板上九次。

英国使节没有这样做,断然拒绝了。叩头礼是作为清朝属国的朝鲜和琉球使节要做的事情,英国若这样做的话,就会被认为是清朝的附庸了。叩头礼是清朝作为世界的中心,站在顶端看世界的中式对外观的表现。因此,所有贸易都被视为朝贡。站在现代外交角度的英国是无法认同这种依然处于陈旧状态下的世界观的。

12. 与清朝进行战争

欧美国家进行鸦片战争的真正原因，如前所述，是围绕三跪九叩之礼为象征引发的问题，清朝强迫他国接受侮辱性主从关系的傲慢态度埋下了战争的诱因。在现代外交已经普及的西方世界，这是不可接受的。[1]

当这个问题被放大时，英美认为鸦片问题是"琐碎的因素"，"只是纠纷的附属品罢了"，英国倾向的态度是，为了消除清朝顽固的"傲慢"，将其推向国际市场，即便采取军事行动也在所不惜。

在1833年改革议会之时，这种气氛变得更加浓烈。同年，拥护棉织业者主张的"自由贸易"论者韦克菲尔

---

[1] 鸦片战争的根本原因是西方资本主义国家为扩大商品市场，争夺原料产地，加紧了殖民活动，并采取卑劣手段向中国大量走私鸦片，遭到清朝和广大人民的抵制，于是西方资本主义国家悍然发动了战争。——编者注

第五章　鸦片贸易与白银流出

德（E. G. Wakefield）发表了以下言论。

即使"自由贸易"扩展到清朝全部的沿海地区，也仍会有阻碍存在。那是什么？就是清朝政府的"恐怖政治"。有英国人说要再派使节去北京，但是，只派使节是不行的，要有武装船来保护使节，并在谈判中讲述征服印度的事情以展现英国的力量，在必要时使用武力震慑清朝政府官员。这才是消除清朝政府"恐怖政治"的方法。

在当时这就是英国企业家激进且具有侵略性的论调。对于清朝皇帝实行"恐怖政治"的内外政治而言，只能以炮舰外交来应对了。当时，英国采取了与这项提议相同的行动。

1834年，英国舰队在广州湾鱼贯而入，舰队的统领是驻华商务监督律劳卑，他敦促清朝进行"自由贸易"的同时，强行登陆广州，并入住十三行的英商馆。清朝对此强烈抗议，并命令律劳卑撤离，如果拒绝的话，就关闭英国商馆。

律劳卑轰炸了清朝的虎门炮台，这引发了英国与清

流动的白银

朝的第一次军事冲突。第一次鸦片战争由此而起,但律劳卑却死于疟疾,而结局终将在鸦片战争这个舞台上决定。

第五章　鸦片贸易与白银流出

13. 重振印度市场

　　鸦片战争是由律劳卑的战争（1834年）引发的，但正如英美财政界人士所说，这其实是"自由贸易"与朝贡贸易之间的冲突。19世纪中叶是"自由贸易"主义在国际上普及开来的时代，难怪鸦片战争被赋予了这样的历史定位。

　　所以，鸦片问题如英美所说，只是"琐碎的因素"，"纠纷的附属品"？恐怕不是的。以下几点不容忽视，鸦片战争是一场将白银从清朝彻底转移到印度殖民地的战争。

　　19世纪初，当英国的棉布生产机械化发展时，地方贸易商人不再忙于来往于印度和清朝之间。作为鸦片贸易的先驱者，他们成为"自由贸易"的先驱。没有鸦片贸易，英国资本主义的经济循环将停滞不前。

　　如前所述，在1828—1829年的广州贸易年度结算中，鸦片进口额远超过一般商品。这样的结果，使大量白银从中国流向印度。因此，英属印度可以支持英国工业产品生产、流通和消费的经济循环。正因如此，人们对英国的印度市场寄予厚望。

从棉布市场的出口构成比例来看就一目了然了。1820年最大的市场是欧洲的50.9%。它仍然占据了一半以上的市场。另一方面，即使将印度、清朝和日本合并在一起也只有5.66%。

但从鸦片战争爆发的1840年起，印度的比例是18.5%，到第二次鸦片战争结束的1860年，增长到了30.83%。印度市场的发展等于印度对英国商品的购买力的增长，这与鸦片贸易的增长成正比。

鸦片贸易增加了从清朝流向印度的白银数量，增强了印度对英国棉制品的购买力。这就描绘出了自16世纪末以来，汉族社会积蓄的银再分配（财富的转移）的场景。

第五章　鸦片贸易与白银流出

14. 鸦片和棉制品对英国的繁荣缺一不可

针对鸦片战争有以下两个观点值得关注。一个是1836年2月曼彻斯特、利物浦、格拉斯哥和广州商人向英国首相和外交大臣提交的请愿书。内容如下：

与清朝的贸易使英国工业产品的市场扩大，并增加了出口量。印度制造的产品的年销售额毫无疑问超过了300万英镑。随着财富流入印度，印度人可以大规模地购买英国的工业产品。

以上的请愿内容通过事实表明鸦片战争是一场"鸦片的战争"。在这种情况下，"印度制造的产品"以及棉花均指鸦片（每年300万英镑以上）。印度得到的销售额使印度具有英国棉纺织品市场的功能。鸦片贸易越

流动的白银

来越繁盛，印度人就可以更大规模地购买英国产品。

还有一篇匿名的社论，《与清朝的自由贸易》（1833年10月，刊登于《中国丛报》）中有论述。

牵引着与清朝的贸易的，是比商业"更强大的其他冲击力"，那就是持续压倒与清朝贸易的动力，是我们的资本，是制造业的利害。

"比商业更强大的其他冲击力"——这是压倒与清朝贸易的"动因"。不用说，这动因就是鸦片。从上边的两种观点可以看出，鸦片贸易的目的是使连接英国工业经济（工厂制机械工业）和印度棉布市场的生产和消费流通环节更宽广、更坚固。鸦片战争是一场使印度市场潜力最大化的战争。

英国的棉制品是在"工业革命与'自由贸易'之都兰开夏郡"生产的。它通过铁路运输到利物浦，然后出口到广阔的印度市场。为了使这种工业结构继续蓬勃发展，孟加拉鸦片的种植和贸易是必不可少的。

鸦片作为商品，将清朝积存的财富白银掏空，把它运到印度。这样，"周边＝印度"的购买力，将使"中

第五章　鸦片贸易与白银流出

心＝英国"的工业结构充满活力。

确切地说，鸦片战争前夕，曾有过这样的计算，在英国制造的十件棉衬衫中，只有不到两个印度人穿。通过赢得鸦片战争，每三件衬衫就有一件是印度人在穿。

兰开夏郡棉纺织工业的发展和鸦片贸易正是将英国推向了"世界工厂"的缺一不可的因素。

15. 英国在全世界排名第一

棉纺织业和鸦片贸易是"自由贸易"的启动力和推动力。为此确保"航线和平"是绝对必要的。英国之所以位居世界之首,其原因无非是它掌握了航线和精准的运输制度。

远洋航线始于1837年,并成立了铁行轮船公司(The Peninsular & Oriental Steam Navigation Company),这是一家面向印度和清朝的东洋航线上的轮船公司。大西洋航线是成立于1838年的冠达邮轮公司(The Cunard Line),太平洋航线是1840年成立的太平洋轮船公司(The Pacific Steam Navigation Company)。(说到太平洋,当时英国人将利物浦与南美太平洋沿岸的秘鲁和智利连接了起来。)

航线的开通,英国得以控制七大洋,是因为轮船比

第五章　鸦片贸易与白银流出

帆船更具有优势。帆船被轮船取代，是在1869年苏伊士运河开通后。由此大幅缩短了欧洲与印度之间的距离。

但轮船作为国际化的交通手段，仅仅开通苏伊士运河是不够的。重要的是英国有令人惊叹的大量的优质煤炭。轮船与帆船不同，它是需要燃烧煤炭的钢铁船。

因此在航行途中，它必须要补充煤炭。如果船在长途航行中受损，则还要有维修的设施。英国向世界各地输出煤炭，并建立了兼具轮船修理和煤炭补给的供应基地。

顺便说一句，美国培理舰队在1853年是遵循什么路线来日本的？答案不是北美大陆经太平洋到日本的直达线路，而是完全相反。从大西洋的圣赫勒拿岛到开普敦，再经过科伦坡、新加坡、香港，然后是上海、那霸、秩父岛进入江户湾（今东京湾）。这是因为太平洋航线上还没有煤炭供应站。这就是为什么培理对日本的需求之一是煤炭供应。

16世纪后半叶，装满墨西哥白银的加利恩帆船，从北美西海岸的阿卡普尔科通过太平洋来到菲律宾，因为它是帆船，只要有风可以去任何地方。英国输出的煤炭，

1869年约有1000万吨，占年产量的10%。

到第一次世界大战结束时，英国在大洋的东西方拥有181个煤炭补给站，各个国家还需依靠英国的煤炭及其补给基地。英国统治着世界贸易，之所以能够站在最高统治地位是通过其煤炭和海上航线来控制"七大洋"的。

第五章　鸦片贸易与白银流出

16. 日本从上海被编入"不列颠治世"

19世纪是"不列颠治世"出现的时候。这时经济实力优越的英国成为国际社会的领导，是对世界局势产生影响的国家。

全球煤炭补给网络在世界范围内的发展得以实现。放弃富煤的英国能源经济政策，不列颠治世是不可能实现的。

东方也有几个煤炭补给站，其中以上海为中心。英国正想在上海附近寻找煤炭的来源，这时进入眼帘的是日本九州的煤炭。明治的实业界代表三井和三菱等企业集团是建立在与上海相连的煤矿的经营和煤炭的输出的基础上的。从经济的角度看现代日本的发端，是与英国的全球能源战略相对应的。

日本与世界相连的不仅是煤炭补给系统。1871年总

流动的白银

部位于丹麦的大北电报公司（GN），在长崎与上海之间建成了海底电缆，日本也能够共享世界信息了。历尽艰辛地在新、旧两大陆之间架设的电缆（1866年）也仅仅用了五年。

对于日本来说，上海已成为窥视现代的"西方之窗"。不，与其说日本融入"不列颠治世"，不如说是与以上海为引线的煤炭能源和电力文明联系在了一起。这是日本跃入"自由贸易"和现代外交汪洋中的时刻。

第六章

从银本位制到金本位制

甲午战争中在平壤击败清兵的日本军队（阿姆斯特丹国立美术馆）

流动的白银

1. 明治时期得到了充足的白银

长崎—上海海底电缆（1871年）的建成标志着日本与世界同步并融入了国际社会。在东亚，清朝的租界上海成为国际经济蓬勃发展的窗口。德川幕府出现在海外实际上就是从上海开始的。

在海底电缆开通20多年后，日本与清朝发生了全面战争——甲午战争（1894—1895）。日本在这场战争中获得赔偿2亿两白银（《马关条约》第4条），换算成当时的日元是3.1亿日元，超过明治时期日本两年的国家财政收入。第二次鸦片战争（1856—1860）清朝要向英国和法国支付的赔偿金为1600万两白银（《天津条约》和《北京条约》）。这样比较来看，就可以知道甲午战争的赔款是怎样的巨额了。

在欧美，是以金本位制（用黄金作为本位货币单位

第六章　从银本位制到金本位制

的货币制度）为主流的。因此，赔偿金的兑换就涉及国际金融的问题了。简而言之，赔偿金是依据条约以白银（库平银）支付的吗？那实际上是怎样的？还有赔偿金的用途，与之后的世界历史有怎样的联系也是令人很感兴趣之处。[1]

---

[1] 本书作者接下来用很长的篇幅叙述了甲午战争的起因、经过和结局，显然是日本人的视角，且偏离了本书主题，故做删除。——编者注

流动的白银

2. 甲午战争的赔款不是用白银来支付的

根据《马关条约》第4条所述，甲午战争的赔偿额为库平银2亿两。换算成当时的日元，金额超过3亿，相当于明治时期日本两年的国家财政收入。库平银是清末官方的衡量标准银。

日本拿到手的并不止这个。占领威海卫（位于山东半岛北部沿岸）作为支付赔偿的抵押，其守备补偿金是每年50万两白银，三年就是150万两。由于三国干涉，将辽东半岛归还清朝的"归还补偿金"是3000万两。

获得此补偿有两件重要的事情。那就是补偿的"形式"和在哪里接收。"形式"是获得赔偿金的形式实态。根据条约是以白银的形式接收。那么，是否会根据条约以白银收到呢？

在这方面，日本全权代表提出了以下建议：补偿金

第六章　从银本位制到金本位制

不要白银，而是转换为与银价相等的英国货币英镑并在伦敦接收（自《明治二十八年十月至明治三十一年六月偿金收支报告书》明治三十一年八月刊）。明治日本为什么向清朝方面提出了这样新的决定？原因如下。

其一是清朝的库平银出了问题。库平银的计量单位称为库平两。这是标准秤（官秤）的单位，即显示白银重量的单位。但是，称重库平银的标准原器并不可靠。作为重量基础的砝码也根据地域不同而以不同的方式制成，并且没有准确的标准来称重，没有被统一。

其二就是在甲午战争开始和结束之际，东亚的局势发生了巨大变化。这可能是更现实的原因。

如上所述，当甲午战争的战火被扑灭后，欧美列国来到远东监视战况，但它们不仅仅是来观战的，更是为了插手战后瓜分清朝和利益分配。如果是这样，可以预想列强之间的对抗将变得激烈，东亚的紧迫度正在增加。从明治日本战后的情况来看，简而言之，军事扩张已成为日本的当务之急。

如果东亚局势趋于紧张，那么预计从英国进口军事

流动的白银

制品的数量将会增加。因此，在财政上也会增加海外支付的机会。所以，赔偿金以最强的国际货币英镑来收取，并将其存放在伦敦而不是日本。这种做法可以看出，日英关系直至今日仍很好。

威海卫守备补偿金和辽东半岛归还补偿款也被同样处置（以英镑作为接收货币）。因此，明治日本应获得的总金额为2亿3150万两白银，转换为英国货币为3808.2万英镑。

明治日本决定接收英镑为赔偿金并预存于伦敦，是根据甲午战争后东亚的局势而定。列强对清朝和朝鲜的密切关注，使东亚成为世界政治的焦点。因为大家都不知道会发生什么，军事扩张路线成为"战后管理"的基石。此后，从英国进口的与军事有关的产品激增，基于英镑的赔偿金目标就在这一点上。

3. 获取赔偿金描绘出了东亚的局势

明治日本从清朝获取赔偿金的形式从白银改为英镑，使此后东亚情势的重要局面上演，由此开始了"日清剧场"的第二幕。

赔偿金从 1895 年 10 月—1898 年 5 月支付完成。该付款原定为八年，但在三年内就付完了。清朝发行了外债以从列强获得巨额贷款，从俄国和法国获得了 4 亿法郎（约 1582 万英镑），从英国和德国获得了 3200 万英镑。这是当时清朝向外国银行借款的六倍多。

列强关系日趋紧张，就只能向外国银行借款来偿还贷款了。1895 年 4 月，李鸿章表示要以外国债券支付赔偿金。7 月，俄国和法国的银行接受了这笔贷款，而购买外国债券获得了俄国政府的保证。但是，大多数由法国承担。俄国希望在满洲、辽东半岛和朝鲜半岛的南部建立基地，因此蚕食清朝十分积极。法国也希望借此将其引以为傲的金融实力扩展到清朝。

因为担心俄国和法国的政治影响会蔓延到清朝，英国和德国注意到了俄国和法国的付款动向。当初英国是反对这笔贷款的，如果赔偿金以英镑而不是白银支付，英国的地位不仅对清朝而且在国际上都将是有利的。由此，英国决定购买清朝的外债。与此同时，德国也分两次（1896年，1898年），一次1600万英镑，共3200万英镑支付清朝的借款。

贷款是以法国法郎和英国英镑的形式借来的，如果按照《马关条约》的规定，必须将其转换成银锭，然后运往日本，这就需要购买大量白银，将导致白银市场价格急剧上升，运输费也是难以想象的。对于清政府来说，这无疑是雪上加霜。

第六章　从银本位制到金本位制

4. 取决于列强的清朝势力分割

列强的借款对于清朝意味着什么？对于银行而言，这是一个重大的海外项目。到目前为止，海外相关业务都是进行贸易往来，但是这次不同了。列强的银行给清政府贷款，无论是用于赔偿还是其他，年利率都是5%，是投资也是资本输出。

通过银行，清政府与列强被借贷关系连接在一起，那么，银行与国家合作的话，就可能会影响清政府的财政和政治的全部。

贷款以外还有什么？俄国、法国、英国和德国四国借此从清政府获得了铺设铁路和矿山采掘的权力。这是列强瓜分中国的开始。

流动的白银

5. 接收赔款唤起了金本位制

赔偿借款将清朝引进了危机的深渊。另一方面，赔偿金将对明治日本以军事扩张为中心的"甲午战后经营"产生重大影响。这就是在接受赔款期间的1897年，银本位制改为金本位制。收取赔偿金的形式（以英镑来计价）结果上促进了金融改革。

明治日本将在伦敦收到的英镑（赔偿金），在欧洲换为金条，再将其运到日本，成为充足的黄金储备。这样的程序促进了金本位制。

赔偿金的受领和金本位制有怎样的联系呢？实际上，明治日本在甲午战争的前一年，也就是1893年，就开始考虑金本位制了。契机是英属印度帝国（1877—1947）进行的货币体系改革。银币自由铸造的系统已被废除，受此冲击，白银市场暴跌。这自然打击了银本位制的国

第六章 从银本位制到金本位制

家日本。与欧洲金本位制国家的汇率混乱，使得日元大幅贬值，日本国内物价飞涨。这不仅与贸易和经济有关，财政也随之膨胀了，对于构成国家运营的财政来说是一个大问题。

因此政府调查了白银价格暴跌的原因，并要以另一种方式替代当前的银本位制，于是启动了一个探索新的货币体系的项目。这就是成立于1893年10月的货币制度调查会。

研究议题为是否要切换到金本位制。调查会的报告倾向于金本位制，但在执行上必须慎重。即使转换为金本位制，也几乎没有人认为现在是最佳时机。然而，在此期间成立的松方正义内阁认为"货币应主要以金块、金币或英国货币进行输入"。于是，在1897年10月，日本改采金本位制。

因此，当时采用金本位制的"文明国"与明治日本之间的关系变得更加紧密。这样一来，即使白银价格波动，依照金价定价的物价也不会波动了，汇率也稳定下来。债权债务关系的基础更加牢固，并促进了信用交易。金

流动的白银

本位制国家伙伴的交易，也将更容易从欧美国家获得长期贷款。对于正在努力实现工业生产现代化的日本来说，这将是一个良好的环境。如果物价稳定，那么制订财政计划也更容易。

但是，并不是经济力量使金本位制成为可能。货币储备金是由赔偿款而来，而不是工业或商业贸易的结果。此外，战争结束后的赔偿款是计划要从英国购买军事相关的产品。

实际上，赔偿金等的总额3808.2万英镑（2亿3150万两）的具体使用如下：

甲午战争的军事费（22%），军事扩张费用（62%，具体是海军46%、陆军16%），皇室财产（5%），教育基金（3%），灾害准备金（3%），其他（5%）。

补偿金的60%以上用于军事扩张费了。可以看出，它是与军费有关的重要财务来源。

6. 金本位制引发了殖产兴业和金融改革

如果军事相关产品的进口增加的话,明治日本所持有的金币、金块和英镑的数量将会减少。如前所述,黄金的储备全部来自赔偿款。如果用光了,除非找到它的替代品,否则日本将无法继续金本位制,肯定会失败。

为防止出现这种情况,"甲午战后经营"为军事扩张奠定了另一支柱,那就是殖产兴业。在这一政策下,经济发展不断上升,如果能促进工业产品的出口,那么国际收支将有所改善。那样日本将不用依赖赔偿款,提高经济实力能构造健全的金本位制。

但这有一个问题。为了进行殖产兴业,必须备有可以长期贷款的环境,即能够及时融通的准备。日本的大部分补偿金都用于军事扩张的资金和金本位制的黄金储备。那么,如何为殖产兴业筹集资金?为了克服这一障碍,

流动的白银

明治日本决定对其金融机构进行彻底的重组。

主要的重组是对商业银行的合并。当时，商业银行包括国立和私立在内总数量已超过1000家。其中，约有150家是国立银行。即使是国立银行，它也不是由国家经营管理的银行，而是根据国家法律创建的民间银行。在日本银行成为唯一的发行货币银行之前，国立银行也一直在发行货币（私立银行不能发行货币）。

银行的主要业务是借贷、货币兑换、换汇等。简而言之，除了大型银行外，没有一个连锁式的小型货币兑换商散布在全国各地，每个银行都在经营自己的小生意。国家试图用加强存款业务的普通银行来代替这些商业银行。以此为契机，从东京第一国立银行开始，将国立银行关闭，到1899年为止成为普通银行。

大多数普通银行是许多小银行合并而来，再纳入大型旗下成为一个支店。总店与支店之间紧密联系，主要用于借贷和存款业务，到1901年，这样的数量是1867家。这是个很大的增长量。就这样，日本建立了一个吸收存款的体制。

第六章　从银本位制到金本位制

对金融机构进行改造的目的是吸收人们手中的储蓄，使其存入银行。个人手中最重要的资金存入银行，不是给亲戚，而是交由外人来保管。

银行的信用也很重要，在甲午战争、日俄战争时期（1894—1905），国民国家的意识增强了。在传统的互助会（赖母子讲、无尽讲）收集和运用资金仍然很普遍的时代，金融改革具有重要意义。国民通过将钱存入银行，越过了当地的金融网（讲[1]），这是确认他们作为国家国民一员的行为。

存款成为殖产兴业有力的资金吸收末端的一环。成为殖产兴业"大本营"的日本劝业银行成立于1897年，其宗旨是"改善和发展农业与工业"。它的业务是抵押房地产，并向农工业提供长期融资（资本借贷），但还不止于此，商业也是。而且其下每个都道府县都成立了农工银行，并且与农工业组织有着密切的关系。

---

[1] 讲起源于宗教活动，基于宗教信仰而结成"讲组织"，随着宗教的世俗化，开始以农民相互协助亲睦和经济目的为中心，逐渐成为与地区生活实际需要相适应的村落"讲组织"，如上述"赖母子讲""无尽讲"。——编者注

就北海道而言，开荒是其存在的独特问题，对这样必要的资金的融通，个人不仅可以用土地担保，农产品、股票和债券也都可以用来进行借贷业务。这种运营方式是由1900年成立的北海道拓殖银行进行的。这样，"日本劝业银行—农工银行—产业组合"的金融金字塔式等级组织就形成了。

第六章　从银本位制到金本位制

7. 军事扩张、金本位制、殖产兴业三位一体

金本位制建立在甲午战争的赔偿款之上，但并不是单独地从赔偿金突然地转换为金本位制的，因为赔偿金大部分用于从英国进口与军事有关的产品。如果那样的话，赔偿金将被坐吃山空，无法作为黄金储备了。为了防止这种情况的发生，作为甲午战后经营支柱的就是殖产兴业。

随着竣工于1901年的官营八幡制铁所的首次点火，日本的制铁行业走上正轨，如果炼铁能够满足国内需求，对国外的依赖将减少。成立于1897年的理工科大学——京都帝国大学[1]也因赔偿款受益。西日本最初的帝国大学被称为殖产兴业下"时代的天赐之子"。

---

1 京都帝国大学1947年改为现名京都大学。——编者注

流动的白银

如果日本采取更积极的态度，将培育出具有特色的出口产业。这是殖产兴业的使命。它需要资金，政府寻求以国民的存款作为资金来源，正在进行大规模的金融改革。其结果是，普通银行的存款和贷款比甲午战争、日俄战争之前增加了15倍，准备金增加了18倍。

以此看来，金融机构的体制改革似乎是成功的，但就普通银行的存贷款而言，贷款的表现要好于存款。该比率（存贷款比率）为127.7%。如果不进一步增加存款金额，银行将无法正常运营。这些问题，或者说，尽管面临挑战，但日本的金融改革是在甲午战后经营中进行的。

金融体制的改革伴随着金本位制的引入。包括甲午战争后所造就的国际政治、赔偿金的受领形式（在伦敦获取英镑）和使用之道，以及军事扩张。

另外重要的一点是，金本位制的施行伴随着军事相关产品的进口，为了保持这种状态日本进行了金融改革和殖产兴业。军事扩张、金本位制、殖产兴业相

第六章　从银本位制到金本位制

互联系，形成了三位一体。

19世纪后期，整个欧洲都已转向金本位制。19世纪90年代，印度、日本也成为金本位制。16世纪以来成为全球化领路人的"白银时代"实际上已告终结。

第七章

世界资本主义：中心与周边

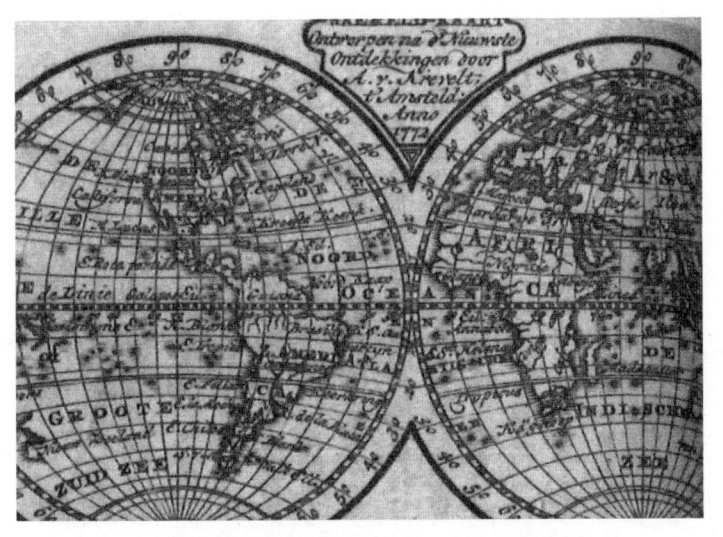

1772年荷兰的世界地图（阿姆斯特丹国立美术馆）

1. 全球化始于英国之时

始于英格兰的工业化浪潮在19世纪将远东也卷入其中,全世界在资本主义统治下凝聚在一起。如前一章所述,德川日本在上海航行以及明治日本与清朝、朝鲜之间的紧张与冲突,无非是不列颠治世(大英帝国治下的和平)时期的浪潮。

英国的机械工业传播到欧美和明治日本,然后蒸汽船和铁路将世界连接起来。另外,电报的发明使信息可以立即在世界各地传播。不列颠治世是现代社会的起源。似乎已经到了可以真切地感受到世界一体化的时候了。人类至目前为止曾经历过这样的历史剧变吗?

直到16世纪下半叶,英国将未完成的粗毛线羊毛制品(毛呢)运送到佛兰德斯地区,在那里购买东方物产和新世界(西班牙和葡萄牙的领地)的物品。但是,在

第七章　世界资本主义：中心与周边

17世纪中叶，薄且轻巧的新型羊毛面料（精纺毛料）制品在英国成功地被商业化后，在西班牙开始流行起来。这就开拓了新世界的市场。作为回报，英国从西班牙获得了葡萄酒，新世界的烟草、砂糖和白银等原始积累。

同样在莱万托（地中海沿岸东部城市）的贸易中，英国通过土耳其商人之手出口羊毛织物并获利。根据1633—1634年伦敦港的进口统计，来自伊比利亚半岛和莱万托的进口量占34%。

这是非常有意思的事情。莱万托商人们非常渴望与东方建立联系。可以说，自从17世纪下半叶以来，这种思想就渗入了东印度公司的活动中。与西班牙的贸易中应该关注到的是交易内容，英国进口的商品使人联想到随后的新世界贸易。

在18世纪下半叶，英国的贸易伙伴开始发生变化。它在北海—波罗的海和莱万托的传统贸易比例下降，而在东印度（亚洲）和新世界的贸易比例上升。与此同时，英国贸易的内容也发生了变化，最大的变化是"再出口"的比例增加了。如前所述，再出口又被称为中继贸易，以出口为目的进口货物。

到 18 世纪初，英国的再出口已占全部出口量的三分之一。所涉及的产品主要是烟草、印花布、砂糖和茶叶。这是通过亚洲和西班牙购买的新世界的产品。在 18 世纪 70 年代，赢得英法殖民战争的英国从北美的魁北克（现属加拿大）到南部的佛罗里达州获得了北美大陆的东部地带。从那时起，英国除羊毛织物之外的其他国内工业产品的出口也开始引人注目。随着殖民地的扩大，出口的品种发生了变化。

当然，殖民地的衣食住行必需品也是必须采购的。除了羊毛织物，本地无法获得的产品要从母国进口。其中包括钉子、水壶、锅、锚、农具、纽扣和马蹄铁等物品。在殖民地，此类所需产品（日杂工业产品）是找不到的。

与拥有银矿的西班牙殖民地不同，在加勒比海的英属西印度群岛或北美洲大陆殖民地不能期待银矿和金矿的开采。因此，英国殖民地别无选择，只能在购买本国产品时以砂糖、烟草和棉花作为交换物品。除非英国购买这些商品，否则无论北美大陆增加多少殖民地，新世

第七章　世界资本主义：中心与周边

界都不会具有市场的机能。

然而，18世纪欧洲的红茶和咖啡的人气暴涨导致对糖的需求直线上升。街上餐馆里的桌子旁挤满了进行讨论的启蒙思想家和带来信息的经济学家。最重要的是，遍布欧洲的咖啡馆加大了砂糖的消费量。在红茶风靡的英国，糖的进口量增加远超预想，已不再再出口了。这意味着国内糖的消费量增加了很多。

在17世纪下半叶，茶还仅被视为东方的药。当它与新世界的糖混合制成红茶时，这种新饮料就不只是贵族们的爱好了，而是在工业革命期间变成了"国民饮料"。

糖是全球化的结晶。黑人奴隶制在西印度群岛的耕地上大规模进行着，作为结晶的砂糖与欧洲的茶叶和咖啡连接在一起。这些农作物作为资本主义的商品而生产，是近代世界史的强大力量的体现。

而其基础应该还是黑人奴隶制。否定人格的奴隶制，已牢固地融入以"人格自由"为原则的现代社会体系。

2. 资本主义不是在一个国家建立的

不过，黑人奴隶制在18世纪末和19世纪发展最快。可以说，此时的奴隶制已经达到顶峰。也正是以棉纺织业开始的英国工业革命为中心的资本主义笼罩全球之时。无论棉制品是丝线还是布料，其价值都在于材料本身。换句话说，原棉就是胜负的关键。对于经营工厂的工业资本家来说，既想要好的原料，但又想像工人的工资一样节省原棉的购买价格，更不用说，还必须有稳定的原棉供给系统。

在18世纪中叶，机械棉制造工业开始在曼彻斯特以对抗印度产的印花布的形式出现。棉花是适合于在热带地区种植的作物，在欧洲很难种植。原棉从加勒比海的西印度群岛和北美大陆的南部通过棉花经销商运往英国，保证它的是奴隶制种植园。

第七章　世界资本主义：中心与周边

　　因此，从一开始，英国的工业资本主义就与跨越大西洋、相距甚远的加勒比海的西印度群岛连接在一起。换句话说，由工业革命引起的资本主义的建立从一开始就具有全球规模，无法从单一国家经济层面上进行说明。始于棉纺织业的资本主义，从一开始就具有全球性。

　　然后，当英国棉纺织业被视为世界资本主义的"中心"时，提供原材料棉花的西印度群岛和北美大陆南部被定位为工业发展的"周边"。在此"周边"是种植园主使用奴隶经营的种植园。与古代奴隶制不同，奴隶种植园是在世界资本主义框架下诞生的。

　　地主在他广阔的农场上种植了来自其他热带地区的棉花苗木，是其寻求从生产经济作物（棉花）获利的方法。砂糖和咖啡都是在此系统下制成的。

　　在资本主义社会中，资本家和工人在确认了诸如工资和工作时间等条件后将缔结自由的雇佣合同。但是，奴隶被剥夺了人的属性，被迫像货物一样从非洲运来，并在种植园里像牲畜一样被对待。乍一看，这是不应该存在于现代社会的事情。但是，这说明了世界资本主义

231

是怎么一回事。

换句话说,英国是以自由主义为基础的现代社会(中心),另一方面,耕种棉花的西印度群岛是奴隶制非人道的非现代社会(周边)的。通过将中心与周边这两者联系起来,"周边(奴隶制)"保证了"中心(工业社会)"的发展。可以说"没有奴隶制就没有现代资本主义"。

第七章　世界资本主义：中心与周边

3. 被资本主义连接的中心和周边在移动

但是在 18 世纪末，出现了思考奴隶制未来的情况，这就是美国独立战争。当时正好是棉花生产基地从西印度群岛移至北美大陆南部之际。因此，欧洲世界对独立战争也极为关注。这是因为战争在自由和平等的旗号下提出了废除奴隶制。《美利坚合众国宪法》（1789 年生效）制定时，规定 20 年后的 1808 年，将结束奴隶贸易，但是奴隶制并没有消失。

相反，由于英国的工业革命，对原棉的需求增加了，增长的势头也很好。给英国送来原棉的订单源源不断发往美国南部。南部的种植园主们都很欢迎这样的英美经济关系，并主张进行"自由贸易"。美国出口原棉，再从欧洲进口工业产品。为了保证棉花种植的劳动力，奴隶制是必不可少的。

与此相反，北部成长起来的工商业者试图压制来自英国的产品，并在贸易保护下发展本国的工业。换句话说，他们呼吁经济独立而不依赖欧洲的工业产品，需要的是自由就业劳动力，而不是奴隶制。

美国南部和北部之间经济和社会状况的差异成为南北战争（1861—1865）的导火线。开战可能会动摇全球资本主义的根基。这是因为1861年联邦军对南部海岸进行封锁的行动威胁到向英国出口原棉，使原棉的85%依赖美国南部生产的棉工业兰开夏地区感到了恐慌。这种情况被称为"棉花饥荒"。

若是棉花种植从美国南部扩展到其他地方就更好，因此，棉花种植扩展到了殖民地印度和占领地埃及，而总督和王室也在陆续购置土地，作为棉花种植的耕地。

尤其是在埃及，因为土地购买的发展，农村社会消失了，土地所有权分配不均加剧。大地主将土地借给农民，其租金以赋役（强迫劳动）的形式来支付。

这样，围绕棉花工业而产生的世界资本主义就能够在世界范围内生产作为原材料的棉花。利用当地的非现

第七章 世界资本主义：中心与周边

代社会制度和政治制度，采取了奴隶制、雇佣（赋役）制、小作制等。印度的阿萨姆红茶、斯里兰卡红茶和马来橡胶种植等都是种植园的生产方式。

1861年，南北战争在美国爆发时，俄国发布了农奴解放令。所谓的解放农奴仅限于废除农奴的身份，农民要从事农业仍不得不向地主租借土地来耕种。问题是如何支付租金。农民除了租用土地外，还要去地主的土地上从事农业劳动，这就是赋役劳动。这样在周边国的雇佣（赋役）制度下，农业生产为中心国提供粮食，并给工业社会提供了支持。

正是在同一时期，荷兰在爪哇岛采用了强迫耕种制度。这意味着农民可以将其20%的耕地或20%的工作时间用于咖啡、甘蔗、茶叶和蓼蓝种植。在这里，荷兰向中心国提供经济作物，将周边（殖民地）和中心国连接在了一起。

4. 连接奴隶、印度、鸦片的帝国阵线

世界资本主义始于英国的棉纺织工业，而不是老式的毛纺织业，产品的原料是棉花，在欧洲无法获得。此外，棉制品市场在18世纪初期，大西洋贸易区的西非和加勒比海蓬勃发展。当时，英国本国禁止进口亚洲制造的印花布。这样的情况，可以说引起大规模生产的工业革命是由欧洲以外的大西洋圈的市场引发的。

如前所述，在16世纪下半叶，大量新大陆的白银进入欧洲，为资本主义发展铺平了道路，这使得英国毛纺织业得到发展。但是大部分白银没有留在欧洲，而是用于香料、丝绸和陶瓷器，甚至茶叶的等价交换，被留在了东印度公司和中国。考虑到这一点，可以说，组成世界资本主义的英国棉纺织工业为收回积存在亚

第七章 世界资本主义：中心与周边

洲的白银这一大规模运动做准备。

英国在世界范围内搜刮白银获得了巨大的财富，正是由于：

1. 黑人奴隶贸易。

2. 在印度享有征税权和棉制品市场。

3. 与清朝的鸦片贸易。

这三点都与棉制品相关的工业和商业有所连接。同时，英国也变成了"殖民地帝国"。

英国在七年战争下的印度，击败了法国—孟加拉邦联军，又趁势追击，一举进发菲律宾并击败了西班牙军队。太平洋贸易线路的枢纽马尼拉沦陷了。接着，又成功攻占了西班牙在加勒比海最大的海军基地哈瓦那。法国和西班牙之间的波旁同盟的失败具有决定性意义。

因为这场战争是在指明印度殖民地化方向的同时，又将英国的棉纺织业与殖民地市场联系在一起的最后手段。多年来，英法殖民战争的胜利成为不列颠治世的通行证。

因此，从18世纪末开始，"西印度群岛和北美东南部的奴隶制种植园—英国的现代工业—印度殖民地化和市场统治—与清朝的鸦片贸易"的英国的"帝国阵线"形成了。

第七章　世界资本主义：中心与周边

5. 电报线连接了世界市场

　　世界资本主义是在创造出棉纺织业和产品市场的英国（中心），以及生产经济作物（如原棉）的殖民地或附属国家（周边）连接下开始运转的。工业革命带来的棉制品的大规模生产能力在国际商业网络建成的同时，使传统的海陆运输系统发生了翻天覆地的变化。

　　1853年的黑船来航事件[1]很可能动摇了德川幕府的根基。于美国而言，日本的地理位置对于开展东亚贸易极具吸引力。日本被认为是日常补给和煤炭的良好供应基地。象征着现代的黑船（蒸汽船），从美国穿越大西洋，来到地中海、东南亚、清朝和日本，被认为是连接了欧

---

1 黑船来航事件指1853年美国东印度舰队司令培理率船身漆黑的舰队来到日本，迫使日本开放国门。黑船，日本幕府末期对欧美各国驶往日本的轮船的称呼，因船体涂以黑色而得名，尤指欧美列强驶往日本的军舰。——编者注

美世界及其平行线上的彼岸的国际交通和运输的机动力。

然后，在1830年，当利物浦—曼彻斯特的铁路开始运营时，电信的发明便成为人们关注的焦点，继交通革命之后是信息和通信革命。在英国，1839年大西部铁路的电报线开始将帕丁顿和西德雷顿连接起来。铁路是电报线的替代品。在19世纪中叶，使用电报线的信息通讯系统不仅在英国和欧洲大陆，甚至在研究出了莫尔斯电码电报机的美国也迅速准备妥当了。

如前所述，如果在各国、各大陆之间连接上海底电缆，信息的传输将成为一瞬间的事情。因此，电信在全球市场的形成中起着比连接国家之间的船舶和铁路更大的作用。特别是在证券市场的交易上，效果是立竿见影的。1851年，当海底电缆在伦敦和巴黎铺设时，这两个证券市场的价格当天就传给了对方。随着电报线路的铺设，诸如市场情况之类的经济信息的交换通过收发信息变得更加密集，两个证券市场的动向融为一体了。

第七章　世界资本主义：中心与周边

6. 世界历史的活力在于资本主义的分工系统

　　世界资本主义通过贸易，将交通运输、信息通信、汇兑结算和货币制度瞬间连接，统合为一个整体。推动这一机制的是全球化的核心，即中心国英国。它的国际力量不仅是经济力，还包括国际政治和殖民地统治等外交层面的政治力，由此才站上了世界的顶端。

　　另一个不容忽视的事情是，英国的背后还有一些试图振兴以工业为主导的国民经济的国家存在着。西欧大陆、美国和日本都是这样，以工业立国为基础加入世界资本主义的国家，不是周边国，而是站在像英国这样的中心国一边的各国。

　　以法国为例，如何应对英国棉制品的涌入？如何获得国际竞争力？正是抱着这些课题而开始的。可以肯定的是，苦战是无法避免的。棉布纺织是在诺曼底地

流动的白银

区进行的，这里是以农村为大本营的批发商制家庭作坊，是传统的手工业，根本无法与英国机械生产系统为敌。

但是，自19世纪20年代以来，情况发生了变化。在法国东北部的阿尔萨斯地区兴起了一种新式的棉纺织工业。那是纺纱和织布的一体经营和大规模工厂的机械生产体制。此地自古以来就是高品质棉布的生产地，从偏远地商人开始成长起来的"纤维贵族"起了主导作用。法国的工业革命始于阿尔萨斯的棉纺织工业。

美国则与法国的问题大相径庭。南北部之间的经济社会情况完全不同，就如水火不相容一样，尤其形成鲜明的对立，主要表现在奴隶制问题上。日本在德川幕府时期，幕府体制下的统治权分散在各地幕藩之下，因此，国家权力也分散各处。虽然日本不是奴隶制，但"国民"概念尚未建立，仍是一个身份等级制度的社会。

无论是在美国还是在日本，都必须超越分裂、分立的状态，必须重整统一国家。由此，通过自由的社会成员间的经济活动，它们都希望能建立相互联系的国民经

第七章　世界资本主义：中心与周边

济。建立一个这样的国家、社会的过程是痛苦的。而它在美国南北战争和明治维新（1868年）中成为现实。

即使日本和美国是同一属性，它们的立场也不相同。美国对亚洲采取了高关税政策下的贸易保护主义，但对英国却实施"自由贸易"原则。在关税自主的事实中，美国却不承认《日美友好通商条约》。美国对自己国家实施保护贸易，在亚洲却要求"自由贸易"，采用的都是对自身有利的措施。

即便如此，西欧大陆、美国和日本也通过吸收英国工业革命的成果而追赶着英国，为超越英国而摆开阵势。法国棉纺织工业的纺纱机是英国制造，美国的铁路是英国制造，日本从英国开始招聘了包括欧美各国在内的"雇佣外国人"。

这些国家希望成为像英国一样的国家而追赶着，依照中心国的地位而努力，成为中心国的"卫星国"。卫星国在推进工业化的同时，不仅依靠英国的硬件（工业机器开发）和软件（海外市场的开拓），而且还建立了自己的市场并积极地加入世界资本主义。

流动的白银

　　这样中心国和卫星国开拓的海外市场通常被作为殖民地和附属国，并纳入世界资本主义体系。西非、西印度群岛、拉丁美洲国家、印度、埃及、东南亚都是这样。这些地区被看作中心国的"周边国"。从新大陆白银出现的时代到英国领导的世界资本主义时代，工业原料和嗜好品，更不用说黑人奴隶，所有的商品和财富都被带到了中心国和卫星国。

　　中心国和卫星国与周边国之间的联系是以贸易为基础的世界资本主义分工体系。正是由于这一体系，资本主义才在全球范围内发展，而不仅仅是一个国家。这一结构在19世纪变得更为强大。为了获得贸易和市场，不仅中心国英国，而且第二阵营的卫星国也在寻求海外的势力范围。

　　现代世界是19世纪的延伸。工业革命带来了现代工业社会，在这一前提下，人类创造了有史以来最强大的经济体系——资本主义，使地球成为一个整体的经济体系，它是独一无二的。曾经在帝国主义时代，也发生过中心国与周边国之间激烈的冲突，但是在今天看来，这种分工系统似乎仍是无法想象的。

但是从白银制造的全球化资本主义爆发以来,"国际社会"的框架发生了多大变化呢?

流动的白银

后　记
贯穿从哥伦布时代到现代世界的"白银"

写完本书后，我从谷中的宽永寺走到了阿美横町。这样轻松的步行在开始写作之前也进行过，这就像节日前后的庆祝活动一样。写作之前是为了要找到写作的灵感，写完后是要享受解放了的轻松和愉悦感。

我经常在熙熙攘攘的阿美横町散步，但是很少来宽永寺。这次的散步还是很特别的。

这条路线中，连接"圣"与"俗"两个世界的场景很有趣，值得推荐。从宽永寺沿着东京艺术大学的红砖围墙大道走的话，京成电铁封闭中的"动物园前"车站大楼会映入眼帘。它使我想起了希腊文化的摩索拉斯陵墓。有趣的是，它在某种意义上也是动物们的"陵园站"。在它前边将看到的是东京国立博物馆的表庆馆，这是一

后记　贯穿从哥伦布时代到现代世界的"白银"

幢具有浓厚文艺复兴风格的建筑，绝对让你不失所望。最重要的是，它是由片山东熊设计的，令人佩服。

上野恩赐公园是"现代日本曙光的缩影"。公园里有两座铜像。一座是小松宫彰仁亲王雕像。他作为皇家军事指挥官，曾参与戊辰战争（1868年）和甲午战争。另一座是高村光云制作的西乡隆盛的雕像。西乡隆盛由于明治六年（1873年）的政变而改变了自己的人生路线，即便被当作叛党也无悔。他是与木户孝允、大久保利通并称的"维新三杰"之一。

接下来是南北战争的英雄格兰特将军（后为共和党籍总统）访问日本时的植树纪念碑。

考虑到这一点，从"圣"到"俗"的散步似乎已经在某些地方追溯了本书的内容。将日本拉进现代的明治时代与白银的世界史有何关系？还是没有联系？

接到筑摩书房编辑部的约稿邀请时，我正好在思考这个问题。关于写什么，我必须定下一个主题，那结论就是"关于白银和现代世界"。

那样的话，从明治日本到甲午战争的历史，以及此

流动的白银

后国际政治的发展都会囊括其中,但这还不够,若不追溯到哥伦布时代,就不是世界历史了。总之,像序言中提到的写成"东京大学入学考试世界史"就可以了吧。

从世界史的建立或世界一体化的意义上说,这本书以新大陆白银和日本银为出发点。白银牵扯出的国际贸易网络,统合成市场就出现了世界资本主义。

借势打开这扇大门的正是18世纪的英国。英国成长为世界体系中的"中心国",牵引着世界历史的发展。在这方面,美国的伊曼纽尔·沃勒斯坦(Immanuel Wallerstein)提出了宏伟的世界体系理论,在日本,川北稔和角山荣的研究同样光辉闪耀。本书以这两位先前的研究为指导,或者说本书是在他们的研究结果的帮助下完成的。

同时,关于支持英国繁荣的"周边国"的情况,从松井透先生的印度殖民地论和中村平治先生的印度历史研究中我学到了很多东西。

在19世纪上半叶奴隶贸易结束后,种植园的替代劳动力被发配到英属印度进行分配。即使奴隶制消失了,"周边国"的劳动力已在不受影响的情况下完成了再编。

后记　贯穿从哥伦布时代到现代世界的"白银"

这对现代亚洲人及其种族特性相关联的分析非常有趣。

我想这次被邀请写这本书，是因为编辑人员对拙作《有趣的历史——东大的深入世界史》一书很感兴趣。书中基于东京大学入学考试的世界历史问题，我自由地描述了我的想法。尽管这是一本普通的书，但我写这本书的目的是希望能够传达一丝东京大学学术界的气息。

出乎意料的是，东京大学官方网站上介绍了该书，并受到了好评，使这本书成为东京大学全年最畅销的书，我对此颇感惊讶（《东大新闻》2015年2月12日）。

本书是在筑摩书房编辑部的松本良次先生的努力下而编写的，他从未抱怨过笔者在写作上的进展缓慢或行文的表现。对此深表感谢。而且，在此我要感谢中村平治教授（东京外国语大学名誉教授）的公开以及私下的指导。

最后，我要感谢所有阅读此书的读者。非常感谢你们。

七·一七仰望M78星云[1]第50年之夏

祝田秀全

1　M78星云位于猎户座方向，距离地球约1600光年，可借由小型望远镜观测。——译者注

流动的白银

参考文献

1. 青木康征著. 南美波多西银矿. 中央公论社.

2. 池本幸三著. 奴隶制种植园和奴隶贸易：成为中心的英属西印度群岛. // 角山荣、川北稔著. 讲座·西洋经济史Ⅰ：工业化的初始. 同文馆出版.

3. 石坂昭雄著. 17、18世纪阿姆斯特丹中继市场的金融构造. // 荷兰型贸易国家的经济构造. 未来社。

4. 伊藤隆著. 近代日本16：日本的内与外. 中央公论新社.

5. 伊曼纽尔·沃勒斯坦著；川北稔译. 近代世界系统Ⅰ、Ⅱ. 岩波书店.

6. 祝田秀全著. 有趣的历史：东大的深入世界史. KADOKAWA中经出版.

7. 威克菲尔德著. 英国与美国：资本主义与近代殖民地. 中

野正译，日本评论社.

8. 臼井隆一郎著.与咖啡相关的前进中的世界史：近代市民社会的黑色血液.中央公论社.

9. 卫藤沈吉著.近代中国政治史研究.东京大学出版会.

10. 埃里克·威廉姆斯著；中山毅译资本主义和奴隶制——黑人史和英国经济史.理论社.

11. 尾崎秀树著.中国人物历史9：激荡的近代中国.集英社.

12. 越智武臣著.欧洲经济的变动.// 岩波讲座 世界历史14.岩波书店.

13. 上垣外宪著."锁国"的比较文明论.讲谈社.

14. 川北稔著.世界各国史11：英国史.山川出版社.

15. 川北稔著.工业化的历史前提.岩波书店.

16. 川北稔著.商业革命——殖民地市场的形成.// 讲座 西洋经济史Ⅰ.同文馆出版.

17. 川北稔著.欧洲商业的进出.// 岩波讲座 世界历史16.岩波书店.

18. 木村靖二等主编.山川：详说世界史图录.山川出版社.

19. 栗原福也著.荷兰经济的衰亡.// 讲座 西洋经济史Ⅰ.同文馆出版.

20. 栗原福也著.低地联邦共和国.// 岩波讲座 世界历史 15.岩波书店。

21. 黑田明伸著.世界历史书选：货币系统的世界史——"非对称性"阅读（增补新版）.岩波书店。

22. 近藤仁之著.西班牙经济的盛衰.// 讲座 西洋经济史Ⅰ.同文馆出版.

23. 重松伸司著.孟加拉湾世界：14—16世纪的地域贸易圈.// 沟口雄三、浜下武志、平石直昭、宫岛博史编.源于亚洲的思考2：地域系统.东京大学出版会.

24. 角山荣著.英国工业革命.// 岩波讲座 世界历史 18.岩波书店.

25. 角山荣著.英国工业革命的前提条件.// 讲座 西洋经济史Ⅰ.同文馆出版.

26. 角山荣著.世界市场的成立.// 讲座 西洋经济史Ⅰ.同文馆出版.

27. 角山荣编著.工业革命与民众.河出书房新社.

28. 托马斯·曼著；渡边源次郎译.通过对外贸易得来的英国财富.东京大学出版会.

29. 富田虎男著.北美殖民地.//岩波讲座·世界历史 16.岩波书店.

30. 内藤雅雄，中村平治编.南亚的历史——复合社会的历史和文化.有斐阁.

31. 中村平治.历史文化丛书 27 印度历史的邀请.吉川弘文馆.

32. 日本银行百年史编纂委员会.日本银行百年史（2）.日本银行.

33. 白春岩著.李鸿章的对日观：以《中日修好条规》缔结为止的情况为重点.社会科学研究.

334 松井透著.印度的殖民地化.//岩波讲座 世界历史 16.岩波书店.

35. 马克思、列宁主义研究所编.马克思、恩格斯选集：第 12 卷.大月书店.

36. 宫崎正胜著.文明网络的世界史.原书房.

37. 宫永孝著. 庆应二年幕府英国留学生. 新人物往来社.

38. 森田安一编. 瑞士、比荷卢联盟史. 山川出版社.

39. 山口启二著. 日本的锁国. // 岩波讲座 世界历史 16. 岩波书店.

40. 山田宪太郎著. 香料的历史. 纪伊国屋新书。

41. 山之内靖著. 马克思、恩格斯的世界史像. 未来社。

42. 山室信一著. 日俄战争的世纪——以连锁视角看日本与世界. 岩波书店.

43. E. J. 汉密尔顿著. 美国宝藏与西班牙价格革命（1501—1650）：第2版. 纽约. 1965.

44. E. J. 汉密尔顿著. 早于1700年的西班牙重商主义, 经济学史中的事实与要素. 剑桥. 大众. 1932.

45. 菲利普·D. 柯廷著. 大西洋奴隶贸易：普查. 麦迪逊. 1969.